湛庐CHEERS

与最聪明的人共同进化

HERE COMES EVERYBODY

FOURTH EDITION

SMART RETAIL

新零售的增长策略

[英] 理查德·哈蒙德
Richard Hammond 著

何瑞青 译

第 4 版

浙江教育出版社 · 杭州

零售的变与不变

本书创作期间发生了太多的变化，不仅是零售业发生了变化，而且我对自己专业能力的信心以及对世界的理解也发生了变化。只要你坚持做一件事情，坚持的时间足够长，你就会变成专家，这是一个普遍规律。

我在本书中提到的一些观点，最初都是基于观察全球顶级零售商得出的，而且大多数被多次证明是正确的。零售商渴望创意与灵感，但市场不仅随着产品和技术的变化而变化，而且随着社会规范和人类行为的变化而变化。随着顾客的变化和成长，随着经营环境的转变，零售消费供给侧也在变化、改革和转型。不过，零售的基本原理是不变的：向顾客提供利益相关的产品，尽可能地吸引他们参与，以此获得商业利益。真正发生变化的是我们完成这些事情的方式以及顾客的态度和需求。

零售业发展速度之快，超出了人们的想象。我会在本书的第一部分详细地解释这种变化产生的影响。它带来了一种进步，深刻影响着我们的行为，甚至几乎改变了所有规则。阅读本书能帮助你避免胡子眉毛一把抓，为你的公司在科技与情感之间建立正确关系，从而让你抓住重点，面对新环境，找到新方法。零售业整体环境发生了巨大的变化，我需要阐明一些重要的基础理论。我们要处理的事情越来越多，情况也越来越复杂，但是我们也面临更多的机遇，可以在合适的时间以不同的方式找到合适的顾客。

本书的前半部分将侧重于零售领导力、开发新模式、运营新门店、整合新技术以及帮助员工选择正确的雇主。我会用以前未用过的方式讲述一系列全新的基础知识。不过，本书仍然对零售业进行了全面介绍。我希望提供尽可能多的答案，所以，除了选择心理学，你还会看到如何在忙碌的星期六早晨激励门店的销售团队。如果你不是 CEO 或敏锐的商业领导者，而是一位有抱负的门店经理，我认为了解这些理论同样重要，这会对你的日常工作产生重要的影响。你永远是这个行业未来的一分子。你与你的团队一直都是和顾客的最佳连接点，你就是最了解顾客的那个人。理解了摆在眼前的工具的底层逻辑，你将能更好地利用这些工具，发展自己的零售事业。

总而言之，这本书是一本工作手册。欢迎你阅读，从中找到合适的方法，也欢迎你批注、剪贴和分享。如果我有机会能去你的办公室或门店，看到你手边的这本书书脊松散，书角翘起，页边粘满了标注的便利贴，封面上有咖啡的污渍，那我会很高兴。

零售的黄金时代

零售业有一点没有改变，它依然是一项劳心劳力的艰苦工作。压力一直都在，我们不可能有突飞猛进的改变，有时获得了丰厚利润，但仍然觉得不够，要赚更多！每天开门营业或者打开电脑，随之而来的可能是忧愁，也可能是喜悦。

为什么要零售？以上就是答案。因为现实迫使我们总是要把事情做对，做出艰难的决定，鼓舞团队士气，尝试新事物，让顾客满意，还要赚钱……要做的实在太多！如此这般日复一日，让所有人都想要更多。

按照正确的方法零售，吸引陌生人自愿来我们的实体店消费，或者在网上搜索我们，或者径直走过竞争对手的门店看都不看一眼。能做到这样真的会很令人兴奋。

如今，我们能够根据顾客对我们的期望，精准地满足他们的需求。我们能开实体店，也能开网店，或者介于两者之间的各种类型店铺。这太让人激动和兴奋了，这是零售业的黄金时代。

实体店和网店有区别吗？零售商目前犯的一个重大错误，就是将实体零售和网络零售定义为两种完全不同的业态。实际上，它们没有什么不同。任何形式的零售都与顾客相关，吸引他们前来消费，创造他们乐于消费的体验，用售后服务支持消费体验，成为顾客愿意消费的店铺。

所有的零售都与一个最简单的问题相关：一个人为什么要按照这种方式，在这个位置，用这个系统，为了这个体验买单？在本书的前 7 章中，我会提供你想要的所有答案，因为顾客现在掌握了主导权，无论你销售什么，必须合乎他们的行为方式。

我写这些文字的时候，头上戴着博士（Bose）抗噪声耳机，在柏林的一家咖啡馆用笔记本电脑码字，傻里傻气地把自己当成作家。这副耳机是我在费城塔吉特（Target）百货公司的一家门店买的。起初我并没有打算买这副耳机，只是在那里找书，现场正好有精彩的耳机展销活动，我就动心了。

塔吉特门店内设置了一个博士耳机展台，工作人员邀请我戴上这款耳机观看一段视频。视频内容是一个小伙子在飞机上戴着这款抗噪声耳机享受了一段安静轻松的旅程，视频说明了博士耳机能在多大程度上降低飞机噪声。

然后，依视频要求，我摘下耳机，结果听到展台发出飞机的轰鸣声，我大吃一惊。但我之前戴着博士抗噪声耳机，根本没听见。我立刻就买了一副。这个展示令人印象深刻。

博士卖给我的是什么？是安静、降噪。这可能是厂家的展示设施，但我是在一家零售店体验的。零售商能制造奇迹！零售商能向人们售卖“安静”。零售太不可思议了。

零售业处处都有这些神奇的做法，这也是本书的灵感来源。在写本书的过程中，只要有机会和世界顶级的零售商交流，我就会问他们3个问题，他们恰巧也是我的目标客户。

1. 是什么让你如此出众？
2. 你比竞争对手多做了什么？
3. 为什么顾客会路过其他人的店到你的店里来？

我发现无论是采用何种经营模式（实体门店、在线销售，或者二者结合）的顶级零售商，都按照相似的方式做了一些重要的事情。这些事情就包含在本书之中。

本书第一部分对于想要发展零售战略、改变经营策略、开发线上线下业务的人来说，是必读内容；对于所有想要了解现代顾客需求的零售商来说，是需要重点阅读的内容。

本书第二部分讲述了一些在现代互联网背景下可靠可信的零售规律。如果你管理着一家门店，或者运营着一家独立的网店，或者经营着一家小型连锁店，这就是必读内容。其中列举了丰富的案例，揭示了顶级零售商运营的基本法则。

为了不影响整体的连贯性，我将一些无法归类但有用的内容单独罗列在附录中，其中有解读门店的工具和一些推荐书目。我在我的个人网站（www.smart-circle.com）上提供了一些可免费阅读的内容，如经典零售案例和最新零售案例等。

扫码获取“湛庐阅读”App，
搜索“新零售的增长策略”，
测一测你对顶级零售商的增长策略了解多少。

SMART
RETAIL

目录

第二部分 PART 2

让增长策略落地的 9 大运营法则

Smart Retail

winning ideas and strategies from the most successful retailers in the world

PART I 第一部分

顶级零售商的 7 大增长策略

我们曾经可以“命令”顾客：这是我开的店，你要按照我的方式购物，在我设置的收银台结账，我按照自己的标准（而不是你的标准）来培训员工。但是，那个时代已经结束，一去不复返了。现在顾客占据了主导地位，我们必须起身去迎合他们。

导读

零售新格局，主导权的转移

本书的第一部分主要针对以下 4 种人群。

- **零售企业的领导者**。你可以在这一部分发现 7 个重要的工具。这些工具可以用来分析顾客体验，增强整体吸引力，进而帮助你提升业绩。
- **店主和创业者**。按照本书提供的建议和方法，你就能优化以前的报价，或者找到更有竞争力的模式。所有独立的零售商只要采用这些办法，都会从中获益。
- **门店经理**。从学习和吸收本书中的理论和建议开始做起，你也会提升业绩。这些值得你与高级管理团队一起探讨。
- **学生和刚进入零售行业的从业者**。你们是零售业的未来，所以，将这 7 大增长策略融入你们的思想体系之中，大胆挑战和完善这些观点吧。

零售策略的重要性

我之前研究零售业，都尽量避免过多关注理论，而是侧重实用有效的方法，但是零售业变化迅速，我要是不深究新的基本理论，就等于隔靴搔痒。因而，我会开门见山，在第 1 个策略中探讨最重大的一个变化。它就是零售业面临的新局面：主导权从零售商手中完全转移到了顾客手中。

我之前认为，将顶级零售商共同采用的增长策略称作“秘密”，有点欺人之嫌。显而易见，这些共同点毫无秘密可言。只要你观察了足够多的成功企业，就很容易发现。但无论是大公司的CEO，还是战战兢兢过了一年的创业者，在旁观者看来明显的事实，他们作为当局者未必总是明了。我一直希望这本书能成为零售商的武器，可以帮助零售商在激烈的市场竞争中制定成功的战略，获得丰厚的利润，保持出色的业绩。

说到深究理论，那么谁需要了解这些理论呢？如果你将要领导一家零售企业，那你当然需要；如果你现在就是领导者，那这7大增长策略将让你如获至宝；如果你是一家门店的老板，或者是部门主管、电商业务负责人，或者只是想掌握零售业新动向的人，那你绝对需要知道这些增长策略。更大的挑战带来了更多的乐趣，这就是零售业的黄金时代。

第一部分共有7章，每一章都揭示了现代零售业的一个增长策略。有些策略在过去的30多年中是人们的共识，尤其是蓝图和人性化管理这两方面的策略，但是现在零售商与顾客之间的主导权彻底颠倒，所以其他策略迅速占据首位，显得尤为重要。

科技进步日新月异，推动了主导权的更迭，在第6章中，我们不仅讨论了科技的重要性及其带来的机遇，而且在“全渠道”概念的基础上，进一步分析了现实：零售业彻底变成了“位置无关者”（location-agnostic）。

关于本书第一部分的重要性，我一直强调：如果你所在的市场供给不足，需求远超供给（比如，20世纪80年代英国的家居用品行业，或21世纪初美国和英国的视频游戏行业），那么你就知道找地方开店是最重要的。不过，我认为在目前或可预知的未来，市场不会再供给不足。像其他零售商一样，你可能也身处竞争激烈的市场之中：竞争对手专业老道，顾客苛求挑剔。这 7 个策略对你的生存、成长和发展至关重要。

零售的 7 大增长策略

你可能觉得我言过其实了。“策略”这个词带有很强烈的色彩，我们的大脑一听到这个词，就会极其兴奋，认为它很重要。之所以使用“策略”和“增长”这些词语，是因为零售商必须特别注意用文字和形象来包装体验及产品的方式，让顾客对体验及产品形成一种独特的感受。

这些策略绝对不是我凭空捏造的未知之物，而是在零售业中被严重忽视的真知灼见。少数顶级零售商本能地掌握了全部策略，有些零售商深刻理解了其中的大部分，但大多数零售商现在依然摸不着头脑，无法从根本上理解天翻地覆的变化。不过，目前所有顶级的零售商，几乎都以这些策略作为其经营之道。

- **第 1 个策略：减少摩擦，用体验传递奖励。**

  顾客占据主导地位，就表示我们必须减少购物摩擦，同时掌握如何通过购物体验表达奖励。

- **第 2 个策略：让每个员工都清楚公司的蓝图。**

  解释你自己为什么当零售商。

- **第 3 个策略：明确需求状态，找准零售定位。**

  如何理解和满足顾客的需求状态。

- **第 4 个策略：启发式销售，引发探索的欲望。**

  为什么探索性在现代零售业中很重要。

- **第 5 个策略：别给顾客选择，给顾客故事。**

  内容管理（curation）和故事如何让购物时的选择更简单。

- **第 6 个策略：顾客在哪里，门店就开到哪里。**

  “位置”现在的含义，零售不分“线上”和“线下”。

- **第 7 个策略：让员工有好体验，就能让顾客有好体验。**

  出色的工作体验如何产生出色的顾客体验。

这 7 个策略肯定能让你获得成功吗？不能。这些策略一直都是零售事业取得成功的基石，但偶尔也出现在失败的零售案例中。我们的成功取决于其他人是否买我们销售的东西。有时候，不管我们多努力，他们就是不买。我们尝试的方法，经常是纸上谈兵，根本不起作用。这也是尝试和学习的本质。犯错、走进死胡同的开始也是成功的必备因素，因为我们可以利用它们学习和改进。我经常讲雷·克罗克（Ray Kroc）的故事，他在 52 岁之前屡次经商失败，后来从理查德·麦当劳（Richard McDonald）和莫里斯·麦当劳（Maurice McDonald）兄弟经营汉堡连锁店的方式中发现了成功之道。克罗克不是失败者，因为他从来没有停止尝试。

如果你公司的零售战略不具备起码的拼搏精神，或者没有采用前 3 个策略，那么极有可能失败。我还没有发现哪个成功的公司不知道前 3 个策略。也很少有市场主管在经营中只看重这 3 个策略，而不顾及其他 4 个策略。

当今的顶级零售商主要通过了解第二次世界大战后的西方零售史，得知自己存在的意义。他们的经营意图简单明了，不为顾客的消费设置任何障碍。他们超越产品和销售的体验，启发顾客发现消费这些产品带来的好处。

同样，他们也逐渐理解：顾客在哪里，店就在哪里；同样的顾客在不同的时间会有不同的表现；员工出色的工作体验会产生出色的顾客体验。

这 7 个策略不是获得成功的保证，但跟着它们的指引，将它们融入企业的基因之中，你就能离成功越来越近。这 7 个策略对初创零售公司不可或缺，凡是围绕这 7 个策略重塑经营战略的零售商，都能从中获益。选择一家经营不善的零售商，按照这 7 个策略进行评估，我敢肯定你会发现这家公司至少缺少其中一个策略。最常见的就是蓝图缺失，通常启发性也不够。你也可以这样评估一下你的公司。

Smart Retail
winning ideas and strategies from the most successful retailers in the world

第 1 章

策略 1，

减少摩擦，用体验传递奖励

零售业有一条不成文的基本法则，就是我们必须让顾客很容易地在我们这儿消费。这条法则如此简单，却常常被人忽视。

本章探讨要点

- 消费摩擦
- 顾客奖励
- 摩擦 / 奖励指数

用数学描述生活

这几年，我越来越相信，完全有可能在任何情景下，将数学应用到每一种零售模式和产品当中，用数学计算分析每一种购物过程、每一个接触点、每一种需求状态和每一次互动。

如果你之前读过我的其他作品，那么这个观点可能会让你大吃一惊。我之前多次讲过直觉、常识和实践意识（practical awareness），这些依然存在。但是在零售业中，决定权已经从零售商转移到了顾客手中，要理解这种天翻地覆的变化、消费摩擦、顾客奖励以及影响摩擦和奖励的细微因素，我们就需要运用数学。

我正在与牛津大学以及该校一位优秀的数学家合作，共同研究特殊的数学等式，用来计算摩擦 / 奖励指数。它们实用且具有科学性。虽然还没有具体的研究成果，但我们已经发现了基础理论，并且找到了可行的解决方法。在你开始改善生意之前，我强烈建议你按照这些方法来计算摩擦 / 奖励指数。这是我发现的最好的工具，你可以用它清晰地认识到自身的不足和面临的机遇，从而更好地去安排时间、人员和资金。

摩擦和奖励

因为决定权从零售商转移到了顾客手中，所以摩擦和奖励变得日益明显和重要。以前是由零售商决定顾客能在什么地方花多少钱、买到什么样的商品和得到什么样的服务。现在的情况是，顾客可以随意选择去哪里买，买什么东西，对比不同的价格，直接忽略没用的东西。这种变化突如其来，让人猝不及防，然而目前几乎没有人理解这种变化。零售从业者很快将经历一段艰难时期。

当下所有成功的零售创新，是因为零售商做了以下两件事情，或者其中的一件事情：

- 降低消费摩擦。
- 提高消费奖励。

顾客是去便捷的地方消费，还是去有特色的地方消费，决定权完全在他们手里。

摩擦和奖励交织的大网

顾客消费的时候会考虑什么，会受哪些因素的影响？

消费过程可能会包含以下摩擦变量：

- 距离。
- 购物时间。

- 网页、App 和门店布局。
- 清楚地沟通。
- 信任。
- 探索性。
- 送货。
- 产品知识。
- 支付。
- 该场景的购物过程。比如要放一个硬币开锁才能推走购物车，或者要走到超市尽头才能找到想要的东西。

消费过程可能会包含以下奖励变量：

- 价格优势。
- 服务质量。
- 促销力度。
- 品牌效应。
- 额外服务。
- 满足消费之外的需求。
- 群体认同。
- 体验元素。
- 趣味性（真的很重要）。
- 该场景的奖励。比如亚马逊至尊（Prime）会员，或者在 App 上提前预订。

激励行为

理解了摩擦和奖励是如何影响消费行为的，就能避免重蹈覆辙，取得成功。现在顾客不一定非得去超市，停好车，挑选一大包洗衣粉，推来推去，然后费力地搬上车，再拉到家里，累得气喘吁吁、筋疲力尽。

但是，如果在这个过程中顾客得到的奖励超过摩擦，就愿意这样做。比如，得到的奖励让他们觉得耗费精力是值得的，他们就会去阿尔迪（Aldi）超市或利德尔（Lidl）超市购买洗衣粉。否则，他们就会点击洗衣机上内置的亚马逊“一键购买”按钮，然后在家等着快递员当天把他们订购的洗衣粉送上门。

有时间延迟吗

经典经济学模型是封闭的，要正确应用这些模型，就需要建立诸如“其他条件不变”这样不切实际的假设，这些假设都在试图建立一个并不存在的世界。行为经济学则尝试去描绘另一派景象：这个世界中存在偏好和诱因，人是非理性和不完美的。

零售商所面对的摩擦 / 奖励是真实存在的，摩擦 / 奖励指数恰恰会受到行为经济学提到的因素的影响。当我们为前来咨询的零售商客户计算摩擦 / 奖励指数时，会试图将这些不完美因素排除在外，控制这些变量进行计算。但是，我们没办法按照这种方式将风险因素排除在外：人类天生厌恶风险，我们做决定时会受这个因素的影响，拖延时间。你或许觉得自己敢于冒险，但人类通常的行为不是这样的。我们需要足够大的动力来抛弃已经熟知的状态，去尝试可能更好的未知状态。

因而，降低摩擦和提高奖励只是挑战的一部分，接下来你就得想办法让厌恶风险的顾客来测试你改善的结果。这就是企业的经营方式：必须持续地改善，并且要让顾客发现你的进步。从开始改善到顾客认可，需要一段时间，不过，顾客一旦认可，客流量就会成倍增加。一传十，十传百，总有一天你的公司也会变得赫赫有名。

看趋势，不要看现状

既然如此，为什么大多数人还是去大型超市购买大包洗衣粉呢？这似乎有些前后矛盾了。这正是我刚才讲的改变的惰性。改变其实已经发生了，只是人们普遍还在受习惯的影响。我们购买快消品的整体方式已经发生了巨大的变化，尤其是在欧洲。大型超市正在衰落。顾客掌握了主导权，并且能够基于摩擦 / 奖励做出选择，因此采用会员制、商品更廉价、消费更便捷的零售商正在崛起。零售商要么选择按照现状经营，要么选择勇敢地跟着趋势走。

洗衣粉的销售现状是，大多数顾客在大型超市购买洗衣粉，然后开车运回家中。但是，趋势表明：大型超市的洗衣粉销量正在下降，同时，廉价零售商的销量正在上升，送货上门的销量也在上升。这一趋势说明，以顾客从大型超市购买洗衣粉然后自己开车运回家这种方式为出发点建立经营模式或者进行选址的长期发展空间有限。

但是，能发展多久？这才是最关键的问题。回顾零售业近 10 年来的状况就可以知道，这个行业发生根本性和颠覆性变化的时间要比你想象得短。计算一下摩擦 / 奖励指数，你会发现还有机会去满足顾客更多的需求，而不是让他们忍受当下的不满。

不同购物过程的摩擦 / 奖励

我们来分析基于摩擦 / 奖励购买洗衣粉的过程。这对我们的发展模式、选址策略、形象设计、品类选择和配套服务等会产生什么影响？

现状是：大包洗衣粉主要在大型超市销售，我们要开车前往大型超市。这个过程中的摩擦很高。

摩擦：

- 开车去超市。
- 找一枚硬币，解锁复杂的购物车。
- 推着购物车在人群中穿行，小孩子乱跑乱叫；一群笨手笨脚的学生叽叽喳喳，看不见你要过去；你还要随时注意，戴着蓝牙耳机的家伙可能会把购物车撂在通道上，跑去拿一块奶酪。
- 找到沉重的大包洗衣粉。
- 排队结账。
- 把洗衣粉从购物车拿出来结账，结完账再放回购物车，排在你身后的靠退休金生活的老人神情严肃，让你倍感压力。
- 把购物车推到你的汽车跟前。
- 把洗衣粉搬到汽车里。
- 把购物车还回去。
- 开车回家。
- 把洗衣粉从汽车里取出来。
- 把洗衣粉放到储藏柜。

奖励：你买到了洗衣粉。

每星期去一次大型超市购买洗衣粉，这个过程展现了摩擦 / 奖励中的每一个摩擦因素。这是一种摩擦很高的购物过程。

新的超市业态是大包装的洗衣粉也在较小的廉价超市里销售，这可以让顾客省一大笔钱。但是顾客还是会遇到种种障碍，摩擦依然很高。购物过程和之前提到的场景一样，等待结账的时间可能变得更长。

奖励：你买到了洗衣粉，但是花的钱少多了。这个奖励让你觉得克服这些摩擦是值得的。

网上购物也是一个选择，不但实体超市在网上销售大包装洗衣粉，网络零售商也在销售。不同的是，网上购物的摩擦低了很多。

摩擦：

- 打开电脑或者用手机扫码。
- 点击“购买”按钮。
- 完成购物。
- 坐在舒适的椅子上，喝着茶，穿着待洗的衣服等着洗衣粉送到家。

奖励：你买到了洗衣粉，花费可能比去超市购买还要少。

紧急需求状态的摩擦 / 奖励

如果是在紧急需求状态下，奖励的部分会发生巨大的变化。因为你晚上就得把衣服洗完，这样明天早上衣服才能晾干，所以你急需洗衣粉。你开车去了超市。

摩擦：我们之前已经说过了，摩擦很高。

奖励：你及时买到了洗衣粉。和平时的需求状态相比，“及时”在当下更加重要。

但是，你也有其他选择：步行去附近的便利店。

摩擦：

- 走进便利店。
- 在狭窄的过道里挤来挤去。
- 选择可能有限。
- 价钱可能更高。
- 因为你要拎着它，所以可能会买袋小包装的洗衣粉。
- 走回家。

奖励：你及时买到了洗衣粉。但是，你花了更多的钱。和在其他需求状态中考虑的一般不利因素相比，在紧急需求状态下，“及时”更加重要。

不过，网上购物正在成为主流。你以相当优惠的价格在网上购买洗衣粉，付了少许运费，快递员一小时内送货上门。

摩擦：

- 打开浏览器或手机里的 App。
- 点击“购买”。
- 等待送货。

奖励：你及时买到了洗衣粉，花钱不多，还可能免了运费。你也不用穿上急需换洗的衣服出门，而且买到了专门洗内衣的洗衣粉。

因为网上购物提供了最低的摩擦和最高的奖励，所以这将是所有洗衣粉销售的方式。顾客掌握了最终决定权，零售商对此无能为力。

实体零售之“死”

摩擦 / 奖励产生了一种边际效应：如果在消费过程中没有额外奖励因素，那么这个过程将全部转移到网络上。最终，就算是阿尔迪、利德尔和 Netto 这些廉价超市提供了奖励，也无法抗衡几乎没有摩擦的网上购物。

摩擦 / 奖励指数

我们可以用上述因素列一个等式，给每种需求状态和购物过程算出数值。

摩擦（F）– 奖励（R）= 摩擦 / 奖励指数

目的是找到办法让等式的值变成负数。如果 F–R=–2，就说明在这种需求状态和购物过程下，奖励是大于摩擦的。

> “创造一种让奖励大于摩擦的零售模式或者购物工具，并且该模式或工具优于其他竞争模式，顾客就会前去消费。”

如果你发现顾客面对的摩擦 / 奖励指数是正数，或者顾客能在其他摩擦较低的地方满足同样的需求，你就知道出问题了。更重要的是，你知道了该如何去调整。你要建立包含需求状态、地理位置、经营模式等因素的摩擦 / 奖励指数模型。然后，给竞争对手也建立这样的模型。这样，你会立刻发现自己的优势和劣势，更好地引导零售业务转型。

应用摩擦 / 奖励理论

我已经创建了计算摩擦 / 奖励指数模型的框架。计算的目的很简单：识别关键的消费场景，且计算出每一种场景的摩擦 / 奖励指数。把计算结果与整个行业和竞争对手的数据进行比较之后，就会发现自己的强项和不足。

这个指数用数字说明了你的一举一动能在多大程度上引起顾客的反应。记住，决定权在他们手中。它的作用是巨大的，它能让你：

- 识别差距。
- 发现机会。
- 找到能产生巨大影响力的办法。
- 将改变的好处可视化。

应用情景一：找到办法

你可能发现欠缺产品知识。以前你会在这方面投资来尽快弥补不足。但是，摩擦 / 奖励指数可能表明，对顾客来说，在大多数购物场景和需求状态中，这一问题并不重要。如果这样做，那么增加的摩擦因素比奖励抵消掉的摩擦因素要多。这个结果是基于所有购物场景、需求状态、顾客接触点和竞争对手计算出来的。你还发现，顾客很在意是否有更加宽松的退款政策。接下来，你就会先调整退款政策，因为你知道和弥补产品知识不足相比，调整退款政策对提升销量更重要。

应用情景二：分析竞争对手

你从计算结果中发现，竞争对手的网站上有一个独特的功能，极大地减少了摩擦，这一优势现在超越了你的价格优势。你确定自己也能提供相似的功能，同时还能保持价格优势。你之前认为价格优势很有吸引力，但是计算结果证明，竞争对手减少摩擦的措施，对顾客来说更有吸引力。你想办法减少了摩擦，顾客面对同样的摩擦因素，就转而选择价格更低的你。

应用情景三：展现优势

在许多场景中，你的摩擦 / 奖励指数表现都很优异。但是，在一个场景中摩擦 / 奖励指数的表现却不能让人满意。你不断深究摩擦 / 奖励指数中影响结果的组成因素，发现业绩欠佳是因为一项政策。你找到了调整政策的办法，这项政策就不再产生摩擦。在你改变的过程中，顾客在同样的需求状态下，开始认为你很有吸引力，因而，你的销售额随之上升了。

成功的摩擦 / 奖励案例

总有一些闭目塞听的零售商管理者，他们不考虑顾客的需求，结果导致企业失去了生意，员工失去了生计，顾客失去了钟爱的老品牌。正是因为他们没有认识到这种变化，鲍德斯（Borders）、Comet、Woolworths 这些零售商衰落了。而英国的约翰 - 路易斯百货（John Lewis）、美国的威廉索拿马公司（Williams-Sonoma）这些老牌零售商关注顾客的需求，已经平稳地重塑了经营模式，减少了摩擦，并重点发展网上业务，增加了实体店购物的奖励。

威廉索拿马公司的网络销售额占了总销售额的一半，但实体店同样经营得很出色，因为顾客去实体店购物的奖励很高，所以会频频光顾。约翰 - 路易斯百货已经成为高奖励低摩擦零售商的典范。它随处可见，顾客觉得它所有的配套都是为他们服务的：网店、实体店兼具，提供同类比价，售后服务周到。这一切都不是基于它的需求建立的，而是基于顾客的需求建立的。这种战略相当有先见之明，而且非常有效。这种转变投入不菲，但短期的大量投资让这些零售商拥有了强大而灵活的平台。这个平台让它们在任何一种需求状态下，都能够保证奖励大于摩擦。毫无疑问，这两家零售商都很成功。下面几个案例介绍了零售商是如何减少摩擦的。

爱尔兰瑞安航空：彻底改变网络销售焦点

瑞安航空（Ryanair）是一家著名的廉价航空公司，总部位于爱尔兰。此前，为了销售附加产品，瑞安航空在网上订票系统中特意设计了很多弹窗。这些弹窗在顾客订票的过程中不断出现，让顾客十分烦恼。现在，瑞安航空彻底重建了网上订票系统，能够让顾客快速订票，深受顾客的欢迎。新系统上线后的第一年，全年利润同比上升 43%，达到 13 亿欧元。

苹果公司：重新定义支付流程

苹果公司设计的支付流程不用顾客填写单据，也不用排队咨询客服、排队取货、排队结账。在罗恩·约翰逊（Ron Johnson）设计的苹果零售店中，顾客挑选完商品后，即可在 Enjoy 网站上结账。在 Enjoy 网站上购买数码产品的过程更加便捷，这是一种超前的零售理念。

英国酒吧：使用新技术让支付更便捷

英国酒吧全部采用免触支付（contactless payment）方式付款，顾客不用找取款机取现金，不用担心没有零钱，也不用担心喝得酩酊大醉忘记银行卡密码而耽误其他人付款。这一改变减少了支付过程中的摩擦，吸引了更多高消费的顾客。

荷兰 Albert Heijn 便利店：让打包更简单

Albert Heijn 是荷兰便利店的典范，他们设计的打包袋可以在早餐时间同时放置一块热三明治和一杯冰果汁。午餐时间，也可以同时打包热的帕尼尼和冰可乐。这一小小的改变降低了摩擦，越来越多的顾客为了方便会买多种食物，店里的平均客单价随之提高了。

下面这些案例中，零售商增加了奖励，让顾客更愿意去购物。

俄罗斯 Respublica 连锁书店：重新定义逛的乐趣

俄罗斯 Respublica 连锁书店巧妙地将周边商品、艺术活动、咖啡吧和 DJ 娱乐结合在一起，让书店更有内涵和活力，从而实现了快速扩张。顾客逛书店的时候不再感到乏味，而是充满了乐趣。成为这家书店的顾客，这件事本身就是满足你探索欲和得到归属感的奖励。

英国哈福德：选择不再犯难

哈福德（Halfords）简化了汽车零配件快速安装服务的过程，从而吸引顾客进店购买并安装新的配件。同时，公司还加强了员工培训，员工学会专业而热情地帮助顾客选择和安装零部件。这种做法获得了成功，门店客流大增，汽车零部件销量、营业额和利润持续大幅上涨。

美国 Bonobos：线下体验，线上购买

美国中高端服装零售商 Bonobos 的花样层出不穷，它开了很多实体体验店来助力网络零售。这些体验店里常年备有所有服装的所有款式、尺寸和颜色——这是一家时装零售商的终极梦想！顾客到店后，先选择一对一试穿服务，可以试穿所有喜欢的服装，而且能在电子终端查看自己喜欢的所有款式，试穿完毕后，也不用担心受到店员的白眼。然后，顾客就可以在店里购

买，或者随时在网上下单。

访问这些体验店的奖励是巨大的。顾客试穿了衣服，享受了造型师的服务，能够亲身体验衣服的面料和款式。对 Bonobos 而言，顾客处于它们的生态体系中，现在了解了它们的产品，拥有了一次在 Bonobos 的独特体验。这种做法大受欢迎。此外，2016 年，公司 CEO 安迪·邓恩（Andy Dunn）宣布，这些体验店开始盈利。他说："这些体验店吸引的是那些愿意多花点钱购买定制服装（像西装、礼服衬衫、羊毛裤）的顾客，而不是那些只在网上购买日常服饰的顾客。"

英国 GAIL's Bakery：让买面包变得与众不同

GAIL's Bakery 是一家高档连锁面包店，主要售卖手工面包和精品咖啡。它在此基础上创造了一种可复制的模式，如今已经走出伦敦，布局新店。不像顾客平时去森斯伯瑞（Sainsbury's）超市闲逛时顺手抓起一条面包或者在网上购买，它增加了奖励，让顾客觉得购买面包是一件特别而愉悦的事情。关键在于，这种模式让顾客购物时觉得自己像老道的面包师，对面包了如指掌。

英国波特女士：精心的内容管理

奢侈品零售商波特女士（Net-a-Porter）的时装秀每次都很成功，在某种程度上，这归功于公司强大的内容管理能力。时尚达人们信任这个团队，所以就会前来观看时装秀，顺便购买衣服。这就是一种奖励。

美国 Interior Define："随心所欲"买沙发

Interior Define（以下简称 ID）位于芝加哥，是一家制造和销售沙发的零售商。它将目标锁定在那些喜欢宜家个性化家居，却不想花大笔设计费的顾客身上。顾客可以按照个人喜好设计沙发的任何重要部件，之后工厂会为他们定做。你想让沙发加宽 90 厘米？没问题。你想换沙发腿？没问题。店内体验本身就是围绕着有趣的个性化定制过程而打造的。因此，访问 ID 门店，就变成了某种形式的奖励。顾客掌握了主导权，而且能感受到整个店面的核心就是自己和自己的需求。结果证明，这是一种精明的经营方式。ID 巧妙地改变了制造流程后，客单价达到了 1 700 美元，利润丰厚。现金储备也大幅增加，这十分重要。

美国 Crate & Barrel：教会顾客理想的生活方式

20 世纪 60 年代，Crate & Barrel 首创了“插画”视觉营销方法，其目的是展示商品。它用这种办法向顾客展示了如何用这些产品提高生活质量。顾客会为了这些美妙的体验进店，离开时可能买计划之外的相关产品。这种展示很有创意和启发性，成了顾客进店的理由。视觉营销本身就存在奖励因素。

英国塞尔弗里奇百货公司：展览不断，乐趣不断

塞尔弗里奇百货公司（Selfridges）一直在想方设法招徕顾客。1909 年，创始人哈里·塞尔弗里奇（Harry Selfridges）在商场展出了路易斯·布莱里奥特（Louis Bleriot）所驾驶的穿过英吉利海峡的那架单翼飞机。如今，塞尔弗里奇百货公司引入了咖啡厅、展览会，销售过程出彩，视觉营销创意十足。即便是现在，在这方面做得好的零售商也寥寥无几，大部分零售商仅提供简单的茶水和普通面包，而这种方式不会吸引任何人。哈里应该会感到自豪，塞尔弗里奇百货公司就是这些为数不多的零售商之一，能持续为顾客营造充满奖励的体验。

奖励的发展现状

Enjoy 网站带给顾客的是一种创意型奖励。创意型奖励并不多见，尚处

于早期阶段。因为提高顾客奖励是一种趋势，无法阻挡，所以我们现在需要思考，如何提高摩擦 / 奖励指数等式中的奖励。

不过，构成良好购物体验的基本元素本身就存在奖励价值，这毫无疑问。比如：员工训练有素、热情随和，能给顾客提供有价值的建议；系统简单易用；结账流程简洁；联网检索工具高效；整洁干净，陈列美观；展示活动丰富，有机会亲自体验；服务个性化；停车方便；实用性强；精选品类。做好这些基本环节，就会提高奖励因素，对顾客来说，就更具吸引力。

如何计算你的摩擦 / 奖励指数

我想让“摩擦 / 奖励指数”这个概念变成一个实用的工具。有一个方法可以实现，但是需要审计。“审计”或许是世界上最枯燥的工作，但是审计能让你更深刻地理解现状，以便迅速采取行动。如果我是一位新上任的 CEO 或者总经理，那么要做的第一件事就是计算摩擦 / 奖励指数。这是一个非常有效的方法，可以让你清楚公司的现状、竞争力和机会。下面是计算摩擦 / 奖励指数的模板，仅供参考，其中包含了 7 个步骤。

1. 找到消费过程中的变量。
2. 识别主导消费场景。
3. 按需求状态细分每一种主导消费场景。
4. 创建一个接触点矩阵。
5. 计算第 2 步、第 3 步和第 4 步中所有接触点的摩擦 / 奖励指数。
6. 交叉对比竞争对手的数据。
7. 找出不足之处和潜在的机会。

接下来，我们以地毯零售商为例，分析具体过程。

1. **找到消费过程中的变量**

a. 从售前到售后，消费者需要做这些事情：研究、询价、购买、安装以及购物过程中所有可能发生的事情。

b. 找出所有可能的消费过程。

c. 找出所有主导消费场景。

d. 确定一般的需求状态。

e. 一些实用的方法：

Ⅰ. 分析之前的或者最新的消费者研究报告。

Ⅱ. 根据观察进行计算。

Ⅲ. 收集行业内的相关证据。

Ⅳ. 寻找其他行业中的出色案例。

2. **识别主导消费场景**

在顾客购买之前，我们一般都知道顾客可能想要做什么。所以，我们应该能够识别一种主导消费场景，同样是给房间铺地毯，有的人可能考虑整修地毯，有的人可能会在意地毯的样式。

3. **按需求状态细分每一种主导消费场景**

a. 在每一种主导消费场景中，顾客的需求状态会有什么不同?

b. 仍以铺地毯为例，有的人可能只是想了解价格，另一些人可能要重新装修整个房间；有的人可能只想铺张地毯，还有的人想买价格便宜的地毯；父母买地毯用来铺在孩子的卧室，房东则买地毯给租客用；有的顾客看重设计和品质，有的顾客毫无经验；有的顾客想在网上购买，也有的顾客想去实体店里体验：各种类型的顾客都有。

4. **创建一个接触点矩阵**

顾客是如何得知我们的品牌的？可能是通过手机、电脑或者平板电脑在网上看到的；可能是在市郊的商场里，或者在苏格兰和东安格利亚的加盟店里看到的；可能是在推特（Twitter）、拼趣（Pinterest）、照片墙（Instagram）、脸书（Facebook）这些社交媒体上看到的；也可能是听电话销售或者安装工说的。

5. **计算摩擦 / 奖励指数**

为每一种消费场景和需求状态分别计算出相应的摩擦 / 奖励指数：

Ⅰ. 合计该需求状态下所有的摩擦因素。

Ⅱ. 合计该需求状态下所有的奖励因素。

6. **交叉对比竞争对手的数据**

a. 竞争对手的优势是什么？

b. 他们和顾客之间还有其他接触点吗？是有不同类型的店面，还是提供上门拜访或者移动销售等服务？

7. **找出不足之外和潜在的机会**

a. 不足：

Ⅰ. 与公司内其他业务部门对比。

Ⅱ. 与竞争对手对比。

b. 机会：

Ⅰ. 如何降低摩擦。

Ⅱ. 如何提高奖励。

Ⅲ. 如何在其他部门分享精彩案例。

Ⅳ. 如何战胜竞争对手。

每个场景下的摩擦 / 奖励表

在表 1-1 中，我用简单的数字进行了示范。每个方格里的数字代表不同场景下的摩擦得分和奖励得分。你按照这种方法来完成表格，填完所有的方格后，就能得知每个场景下的摩擦因素和奖励因素。

表 1-1　每个场景下的摩擦 / 奖励表

	门店									网站							App			社交媒体				
	市区店			小型店			新模式店			主网站							手机			照片墙 Skype			机器人	
	你的公司	雷特公司	商城公司	你的公司	雷特公司	商城公司	你的公司	雷特公司	创新公司	你的公司	网上商城公司	韦伯公司	雷特公司	奈尔公司	创新公司	商城公司	你的公司	奈尔公司	创新公司	你的公司	韦伯公司	创新公司	你的公司	奈尔公司
主导场景 1	−1	0	1	2	2	1	0	−1	−6	2	−4	−3	1	−9	−2	−1	0	−8	−2	6	2	0	−4	−6
需求状态 1a	0	0	1	2	−2	1	−4	−4	−4	1	−2	−3	3	−9	−2	0	3	−8	−2	6	−4	−1	−4	−7
需求状态 1b	1	−4	0	2	−5	−1	2	−8	−8	1	−2	0	1	−9	−2	−1	2	−8	0	7	1	−1	−4	−5
需求状态 1c	−3	−1	2	1	6	0	−2	1	−7	8	−3	−2	−4	7	−2	−1	−2	3	−1	8	1	5	−3	−1
主导场景 2	2	0	1	−1	0	3	−5	−2	−5	3	−3	−3	1	−9	0	3	0	−6	−1	5	2	2	0	−1
需求状态 2a	2	−1	1	0	0	1	−4	−1	−5	1	−1	−2	0	−9	−1	2	1	−6	0	4	2	2	0	−1
需求状态 2b	3	−1	1	−1	−1	2	−4	0	−5	2	−1	−3	2	−3	−2	2	2	−5	0	4	−1	1	0	0
需求状态 2c	4	2	3	−1	−1	2	−5	0	−2	3	−2	−3	0	−7	1	1	−1	−7	0	5	0	2	2	−1
需求状态 2d	6	2	2	−2	1	1	−2	−3	−1	−2	−4	−3	1	−9	1	4	−1	−4	−1	3	1	0	1	−1
主导场景 3	−4	−2	0	2	−3	−3	2	2	0	−4	−2	−2	0	3	0	1	0	0	1	−2	−3	−2	−1	−1
需求状态 3a	−6	−3	−1	2	−4	−3	2	1	−1	−3	0	−2	1	2	1	−1	1	−1	1	−2	−3	−3	3	2
需求状态 3b	−5	−1	−1	2	−3	−2	1	1	1	−4	−1	−3	0	3	−3	2	1	−1	1	−1	−3	0	0	1

我只选择了几个简单的接触点进行示范。你要尽可能地多罗列。同时，我强烈建议按照同样的方法分析竞争对手，要分析在相关领域表现出色的竞争对手，而非直接竞争对手。你若处于时尚行业，就在表格中添加有关装潢或设计的项目。你或许会发现，可行的好方法比你预想的要多。

奈尔公司在网页端和移动端的表现十分出色。它在低摩擦的状态下提供了相对较高的奖励。但是，在主导场景 3 中，它在网页端的表现始终不如你的公司。了解这个信息后，你调整了网站的导航版块，这样，顾客很快就能发现这个明显的差别。

在主导场景 3 中，你位于市区的门店存在一些问题。通过研究雷特公司在该区域的门店数据，你发现了对方一些增加奖励的措施，而且这些措施可以应用到你的门店中。

创新公司新模式店铺的摩擦 / 奖励指数得分也很高。你仔细分析后，理解了背后的原因。你可以调动资源，改造新模式店铺，从而缩小这些顾客导向型的差距。

在需求状态处于 1c 的情况下，你的网上业务的摩擦很高，而竞争对手的店铺没有摩擦。你们之间的差距就很明显。但是，如果你能提供一种新服务来增加顾客奖励，就能弥补差距了。

在所有场景 3 中，市区门店的摩擦 / 奖励指数表现出色。你可以在降低摩擦的同时提高奖励，这种方法可以应用到其他两个场景中，也可以应用到其他模式的门店中。这会大幅提升公司的竞争力。

在场景 3、小型店这一分类下，顾客除了你的门店之外，显然有其他更好的选择。你发现，在所有的需求状态下，雷特公司和商城公司都巧妙地降低了摩擦，所以你要研究它们采用的方法，然后直接照搬。

虽然你在移动端投入重金，但 App 始终无法和奈尔公司抗衡。它提供开源的信息技术和系统，在这个领域，它既是“运动员”又是“裁判员”。在远远落后的情况下，你决定把 App 切换到奈尔公司的信息系统上。因为你计算过，切换系统之后，顾客在 App 上的体验会和在奈尔公司的体验接近。

在所有场景 3 中，你发现网页端的表现比场景 1 和场景 2 好很多。原因在于，场景 3 中给顾客提供的许多服务增加了奖励。其实，这些服务同样可以应用到场景 1 和场景 2 中。

新模式店铺在需求状态处于 1b 的情况下，你通过对比雷特公司的摩擦 / 奖励指数，发现它采用了一种你不知道的新方法来降低摩擦。幸好这个方法看起来可以复制。

摩擦的概念

我为什么用“摩擦”，而不是“努力”？原因很简单：摩擦直接和消费障碍相关。摩擦越高，就意味着阻碍越大，越难摆脱。摩擦越低，顾客就越容易产生消费。

关于如何用等式表达这个概念，我们进行过激烈的争论。一种是：

奖励 – 摩擦 = 奖励 / 摩擦指数

这个等式的计算结果是正数。高奖励减去低摩擦，结果就会是正数。数值越高越好。但是，我们决定采用下面这个等式：

摩擦 – 奖励 = 摩擦 / 奖励指数

这个计算结果是负数。我们看到负数，会本能地努力降低、消除摩擦。这个方法也让我们的思考过程始终围绕 0 这个值。这不是说非要让计算结果达到 100 或者 1000 才善罢甘休。如果最终值是 0 或者是负数，你就知道自己战胜了摩擦，这是后续行动的基础。

现代科技不断消除购物过程中的摩擦因素，这个趋势不会停止，所以我们认为努力让网络零售店和实体店的消费摩擦 / 奖励指数变成负数是正确的做法。而且，计算一家门店在经营过程中的摩擦 / 奖励指数，结果是 -2 这一平均水平，要比结果是 2 让人更有成就感。

约翰–路易斯合伙公司的转型

2000 年之前，约翰 – 路易斯合伙公司旗下的百货公司集团经营一直都很稳定，主要面向中产阶级。其销售的家居用品风格独特、颇有品位，深受顾客喜爱。它为顾客提供了优质的产品和服务，业绩十分突出。它销售的服装品质一流，但也迎合了工薪阶层女性的品位。约翰 – 路易斯百货公司集团以超长的免费售后服务期闻名，从来没有听说过为某一阶层的顾客降低过服务水平。它稳定可靠，在家居用品方面十分出色。

一切看起来都很好。但是，约翰 - 路易斯百货公司集团在星期日开门的时间较晚，营业结束时间一般都比较早，有的门店甚至在星期一不营业。1999 年 9 月前，它不接受信用卡支付，甚至没有发行过店内的储值卡。1995 年亚马逊成立后，约翰 - 路易斯百货公司集团的高管们也没有意识到可以通过互联网销售商品。

英国广播公司（BBC）在 1999 年报道约翰 - 路易斯百货公司集团最终接受信用卡支付时说："最后向塑料钞票（银行卡）屈服的零售集团。"一位高管当时对此解释道："随着电话销售的交易额持续上升，以及互联网的迅速发展，我们是时候做出改变了。"

电话销售！互联网！有没有搞错？现在来看，说这话的人真是不知羞耻，但是，当时大多数人可能都会这么做。1999 年，亚马逊的用户数量达到了 1 400 万，销售额是 16.4 亿美元，2000 年的销售额又增长了 10 亿美元。

世界正在快速发展和变化，可怜的约翰 - 路易斯百货公司集团不断挣扎做出妥协。1999 年 9 月，集团宣布税前利润下降了 44%，百货商店的利润相应下降了 5.8%。

约翰 - 路易斯百货公司集团是一家典型的老牌零售商，诚信可靠。但是，随着顾客能够通过其他途径以更加低廉便捷、摩擦更低的方式满足需求，它在 21 世纪初彻底衰落了。

然而，约翰 - 路易斯百货公司集团没有坐以待毙，而是选择了改变。它悄无声息、不失尊严地稳步改革，放下了以前高傲的姿态，转变成了完全以顾客为中心的零售商。

经过一系列改革后，集团的销售额在 2014 年突破了 125 亿美元的大关，利润是 1999 年净利润的 2 倍多。

这个巨大的变化始于一次大胆的任命和接受新思想的意

愿。2000 年，查尔斯·梅菲尔德（Charles Mayfield）加入了公司，领导市场部。《今日管理》杂志（*Management Today*）在 2010 年的一篇采访报道中写道：“他热衷于新事物，是最早的互联网迷之一。”梅菲尔德为公司带来了全新的理念，让公司意识到零售业正在急剧地发生变化。他曾在北爱尔兰的军队服役，担任军官，退伍后获得了克兰菲尔德大学（Cranfield University）的 MBA 学位，而后供职于麦肯锡零售咨询部门。在互联网刚兴起的那几年，Buy 电商公司获得了逾 1 亿美元的投资，以此搭建了电商体系。梅菲尔德以仅约 252 万美元的低价收购了苦苦挣扎的 Buy 英国分公司，并由此获得了 Buy 电商公司可靠稳定的电商体系，获益颇丰。他具备宏观意识，能够捷足先登，抓住这个千载难逢的机遇。

2002 年，梅菲尔德投资了初创的百货电商公司奥凯多（Ocado）。当时，许多专家认为，这项投资会蚕食约翰 – 路易斯合伙公司的超市业务，而且不会产生太大的收益。而梅菲尔德明白，这并不是自相残杀，从长远来看，奥凯多外部团队的新理念能让公司更好地理解在线百货零售业务，从而使约翰 – 路易斯合伙公司处于更有利的地位。

梅菲尔德的这两个决策都是正确的。收购 Buy 电商公司后，约翰 – 路易斯合伙公司立刻拥有了稳定先进的在线平台，树立了良好的声誉。投资奥凯多百货公司降低了约翰 – 路易斯合伙公司在线零售的经营风险，后来，约翰 – 路易斯合伙公司在奥凯多百货公司发售退休基金，并且募集到了约 1.7 亿美元。

与此同时，约翰 – 路易斯合伙公司正在掀起一股现代化改革的浪潮。约翰 – 路易斯合伙公司改变以往高傲的姿态，取而代之的是以顾客为中心的新理念。这不仅能更好地服务顾客，而且使企业所做的每一个决定都以顾客为中心。

这个案例的意义很简单。有时，我们拒绝改变，是因为改变让人感到恐惧；有时，我们觉得自己正在改变，比如“从互联网的改变出发”，实际上只是身处变革的浪潮之中，随时有可能被回头浪打翻。但是，只要鼓起勇气，找到改变的方向，然后矢志不移，就能让庞大、衰落的公司焕发新的活力。

约翰－路易斯合伙公司的领导者就是这样做的，他们聘请了比自己更加了解社会现状的人。做出这样的决定需要勇气，这是一个明智而大胆的决定。事实证明，梅菲尔德就是领导约翰－路易斯合伙公司变革的舵手。但是，一部分也归功于约翰－路易斯合伙公司聪明的领导者，他们聘请梅菲尔德拯救了自己。

2007 年，年仅 40 岁的查尔斯・梅菲尔德当选了约翰－路易斯合伙公司的董事长。至此，传统守旧的约翰－路易斯合伙公司彻底转变成了一家充满活力、持续创新、以顾客为中心的现代企业。

新的开始

后文会直接或间接涉及“摩擦 / 奖励”这个概念。这是零售业面对的新现实。在当今时代，顾客掌握了主导权，我们必须根据他们的需求来营造消费体验，而且必须尽可能地减少消费过程中的摩擦。我们必须增加实体店的奖励，顾客才会来光顾。在 App 或者网站上，我们必须创造一种几乎无摩擦的用户体验。

当你在电视上看到一个App商店的广告时，屏幕上总是会出现提示——“速度更快”。这就像到了无摩擦的天堂，顾客想要什么，就立刻出现什么。实际上，速度没有变得更快，只是整个消费过程没有任何摩擦而已。

你下班后，坐上通勤列车回家，15分钟后到家。像其他人一样，你把手机放在桌子上。手机的屏幕亮了，棒约翰比萨（Papa John）的App推送了一条消息：你要不要点一款喜欢的比萨？15分钟后送到家。它知道这趟列车的时刻表，并且通过谷歌获得了你的地理定位。它通过你手机上的近场通信功能了解你，知道你的喜好，还知道你通常在星期二的晚上点棒约翰比萨。你点击显眼的“是”这个按钮，然后心满意足地打了个小盹。这就是无摩擦的零售。

如何成为顶级零售商
Smart Retail

当下的行动

- 应用摩擦/奖励理论思考这个问题：过去的半年，你采取了什么措施来减少摩擦和增加奖励？竞争对手都做了什么？
- 找出可能在顾客消费时产生最多摩擦的 5 件事情。
- 找出顾客喜欢去你的竞争对手那里消费的原因。先模仿竞争对手，然后加以改进。

长远的战略

- 计算摩擦/奖励指数。
- 用这个指数来指导投资、分配资源。

Smart Retail winning ideas and strategies from the most successful retailers in the world

第 2 章

策略 2，

让每个员工都清楚公司的蓝图

沃尔玛在某地开店的时候，有些小商店的店主百般阻挠。沃尔玛的创始人——山姆·沃尔顿（Sam Walton）就告诉他们：“想一想你们有哪些地方比我强，发挥你们的强项，并让人们知道这个强项。”进入 21 世纪后，事实证明山姆是正确的，遵从了这句至理名言的人，生意都很兴旺。你必须清楚自己的角色是什么！

本章探讨要点

- 理解业务本质的重要性
- 情感语境在产品认知中的重要作用
- 如何发现自己的蓝图

找到自己的角色

一间会议室里坐着很多人，他们都是家居零售业的精英，久经沙场。房间里十分安静，只有乔治·哈奇森（George Hutchison）在讲话，他的声音清晰平和，情绪毫无起伏。他正向大家分享在外拼搏了一天后，很晚才回到家里的感受。他走进女儿黛西的房间，看见女儿在被窝里香甜地睡着，此时他内心的情感很复杂，感慨女儿是安全、温暖、受宠的。他和女儿一起装饰了这间卧室，一起挑选了颜色和装饰品，把它变成了女儿最喜欢的地方。我们的思绪也随之飘荡。

而讲求实际的零售商们都沉默不语，房间里十分安静，甚至能听见针掉在地上的声音。乔治提醒了他们，这个行业的目的究竟是什么。家居改善了人们的居住环境，使之美观、安全、舒适，成为真正的家。

乔治的话让零售商们内心泛起了波澜，他们突然意识到，自己销售的不只是涂料，而是父亲为女儿建造的庇护所。乔治的故事让人动容，显然在场的很多人都在回想上一次回到亲手建造的家里陪伴孩子的情景。某种意义上，他们也是自己的顾客。

如果你知道自己在零售过程中扮演的角色，理解其中的情感语境，那么就可以转变和顾客的关系。下面我们分析方法和原因。

蓝图

“蓝图”这个概念十分简单，当今出色的零售商几乎都以此为核心。它是零售业成功的基石。这是一个非常明确的概念：你必须要理解零售业务的本质是什么。

零售企业如果能理解业务的本质，业绩就会蒸蒸日上，也会将这个蓝图清晰地传达给顾客。宜家、亚马逊、Bonobos 和乔氏超市（Trader Joe's）等零售商十分清楚自身业务的本质。这也是它们成功的秘诀之一。2005—2010年，英国四大食品零售商迷失了方向，它们和西方国家所有的超市一样，都在努力寻找自我，寻找与顾客之间的联系。

我向每家成功的零售商请教了成功的秘诀，得到的答案出奇地一致。其中最重要的就是蓝图：每家成功的零售商都清楚业务的本质；每一位员工都知道为什么要来这里工作；每一位顾客都清楚为什么要来这里消费。虽然他们有时也说不清楚，但是每个人都知道这些零售商的与众不同之处。

我讲“蓝图”这个概念讲了近 14 年。每次讲这个概念，别人只是茫然地看着我，心里可能在想：“成功的零售是建立在对业务本质的透彻理解之上，我们都知道啊！”在本书中，我想更加深入地分析蓝图到底意味着什么，零售商该如何去发现它，如何把这个理论性的概念变成实用性的工具，并且应用到实际经营中。一些顶级的垂直网络零售商帮助我们更加透彻地理解了蓝图。他们总是能直截了当地说明业务的本质。我猜测他们向投行和风投公司融资的时候，简单易懂的蓝图能让他们更容易获得投资吧。

蓝图与目的、任务的区别

人们有时候会把蓝图与任务、目的、营销策略混淆。公司的口号不就是蓝图吗？完全不是。我们思考这个问题时也很困惑。蓝图包含这些概念，但这些概念不等于蓝图。蓝图与目的表达的意思可能最为相近，但是对我来说，目的是咨询公司用来赚取高昂咨询费的包装过的术语，是远离顾客和其需求的；而蓝图更为人性化，蓝图关乎我们的角色是什么、我们为什么在这里。

蓝图还能激发其他概念，如果你公司的蓝图与易贝（eBay）的一样，“我们拍卖一切”，那么任务可能是“搭建每个人都喜欢使用的稳定的系统”。营销口号可能是“我们拍卖一切”，这或许也是目的。

我们稍后仔细分析宜家的蓝图，现在先用它举例：

- 它的蓝图是：超棒设计，触手可及。
- 它的目的是：让更多的人接触到优秀的设计以及向大家展示宜家如何把这些优秀的设计带到日常生活中。
- 它的任务是：哪里的人们渴望让家变得更美，就去哪里开店，包括线上店铺。

宜家的蓝图就是激发目的和任务的强大引擎，即便后两者经常发生变化，蓝图也不会改变。

核心问题

核心问题是：业务的本质是什么？

如果你不能用一句话回答，那就出问题了。如果你的答案和客服、售货员或手推车收集员的答案表达的意思是一样的，那么同样也说明出问题了。如果你能回答出来，同时也能用一句话表达大概同样的意思，能说明你们今天为什么来这里、你们在做什么，那么说明蓝图是公司统一的口号，能简单表达出业务的本质。

20 世纪 60 年代，美国宇航局的每位职员都知道他们的蓝图是什么。他们的任务是从技术上确保每一次火箭发射成功，目的则更加宽泛。如果你询问任何一位宇航员、机械师或行政人员，他们都会告诉你他们的蓝图是“让美国人登上月球”。这句话表达的意思很清楚：要去哪里，而不是去解决什么技术问题。它讲述了人类的故事，每个人都知道他们在做一件了不起的事情，并以此为荣。

其实你也在做一件了不起的事情。当你能够理解产品创造的附加值时，你就会发现它给人们带来了一种美妙的感觉。Top Shop 销售的不是衣服，而是星期六晚上热闹的气氛和顾客脸上的笑容，它让顾客穿上一件新衣服，就有了焕然一新的感觉。巴诺书店（Barnes & Noble）销售的不是书，而是阅读与学习带来的放松，以及通过阅读与分享，增进了对人类文明的了解。这就是你作为零售商做出的直接贡献：让顾客心有所感。

如果 Top Shop 的例子听起来有点儿夸张，那么想想 Primark、麦克斯折扣店（TK Maxx），甚至是诺德斯特卖场（Nordstrom Rack），这些零售商应该都只是按照标价销售衣服，但是顾客与它们的情感联系也不是买到几件便宜的衣服，而是买到特价商品的满足感，是有能力获得新事物而产生的自我实现感，或者是占到商家便宜的兴奋感。如果顾客手头紧张，去不了其他高消费的场所，那么这些商家就能满足顾客作为普通消费者而拥有的美妙的自我实现感。

接下来，请深入地思考你销售的到底是什么。下文将从这方面分析更多的案例。

蓝图和奖励

在摩擦 / 奖励等式中，要找到奖励是什么，就必须有始终不变的蓝图。如果你知道自己存在的目的，就能以此创造出独特的体验、产品和模式，从而提供一种奖励。顾客能够理解这种奖励，并被其吸引。

所以，乐购（Tesco）、家乐福、西夫韦（Safeway）等“万人迷”式的商超巨头正在试图重新定位，想方设法留住老顾客，吸引新顾客。乔氏超市、全食超市（Whole Foods）、奥凯多在这方面遥遥领先，它们通过真诚的蓝图与顾客沟通，并且在与顾客的互动中持续传达这个蓝图。

找出你的蓝图

也许你现在没有正式定义的蓝图；或者虽然有，但是它没有竞争力，比如，不能满足顾客的需求、超出了现有业务的承载力。我们作为咨询公司，经常帮助客户更正确地理解现有的蓝图，并且重新定义新的蓝图。

我们来看看非零售业的 IBM 的蓝图。曾经在很长一段时间内，IBM 就是个人电脑的代名词。我们经常听见很多公司说“我们的电脑兼容 IBM”，或者“我们使用的是 IBM 的系统”。但是，IBM 大胆地确立了新蓝图，全部出售了个人电脑业务，转型为一家以信息技术、咨询服务、云计算和服务器硬件为主业的公司。

IBM 在鼎盛时期的蓝图是：让美国的每位商务人士都用上电脑。这个概念简单明了，每位员工都能践行。如今，它的蓝图是：提供认知解决方案。这句话的意思是“你作为 IBM 的一员要借助计算机生成的机体思维（organic thinking），向客户提供解决方案”。这意味着制造个人电脑，与使人工智能交通灯让城市运行更加顺畅的高科技有差别。

IBM 确立新蓝图后，焕发出新的活力，走在了时代前列，并与两家具有前瞻思维的重要客户建立了合作关系，因此在竞争激烈的市场中独树一帜。它本可以继续制造个人电脑，但之后会随着市场的萎缩而衰落。柯达就是现成的例子。分析 IBM 的例子，让我们明白找到自身的蓝图需要经历一个过程。

在寻找过程中，第一个问题是：当顾客购买我们的产品时，到底购买的是什么？顾客购买的 IBM 的产品不是一台个人电脑，而是一种更深刻、更有意义的事情。在个人电脑还未普及的时候，人们购买电脑，买的不是硬件，而是电脑带来的机遇，即更高效的工作；如今，则是学习、分享、购物以及融入彼此之间更广阔的联系更紧密的世界。

情感语境

我们应该从顾客的情感着手，理解顾客购买我们的产品会有什么感受。这又回到了“理解业务本质”上。零售商只关注产品细节固有的价值，而不在意产品如何满足顾客的情感需求、个人生活和心理预期。这种做法让他们一次次陷入困境。

这就是为什么几乎所有的消费电子产品制造商都无法通过销售电视机获利。通常，电视机的开机画面就是广告语：“采用超级像素点技术，像素点增加10%，让您感受高清画质。”然后，厂家的LOGO亮起。在近代历史上，几乎没有哪家大型制造商或者零售商提及电视机带给人们的意义，比如：一家人坐在一起观看电影是多么温馨，或者随时观看精彩的节目让你无比快乐，或者节目中的音乐让你感觉置身其中。如果只是用含糊的语言去表达功能，我们就不能赋予这个功能任何意义，也就无法让它产生附加价值。那么，顾客现在购买电视机时看中的是什么？是尺寸，还是价格？也可能看了自己所青睐的品牌的广告，就购买了。最后这种情况完全是一种情感选择。

当顾客付钱理发时，购买的不是剪发的服务，而是走出理发店时的那种感觉。这种感觉就是我们购买的东西。即便是纯粹为了理发，人们理完发后也会感觉变得干练，或者感觉自己是注重个人卫生的人。这些感觉都和情感有关。大多数人会在什么时候理发？要去参加面试、约会、度假，或者情绪有点低落想换个心情，想要改变自己，或者重新找到自己的时候。这就和一件极其平常的事情产生了非常强烈的情感联系。

威严葡萄酒公司（Majestic Wine）销售的不是装葡萄酒的瓶子，而是瓶子里的葡萄酒。葡萄酒会让人产生的感觉，就是它的情感语境。是在冬日的夜晚享用葡萄酒带来的温暖和舒适？是酒香与烈日的灼热完美结合？还是一口酸涩的红酒开启了夏日的烧烤？葡萄酒本身和情感关系不大，只有我们在品尝它时，才会产生强烈的情感。

所以，百安居（B&Q）、劳氏公司（Lowes）和乐华梅兰（Leroy Merlin）销售的不是栅栏板和沙子，而是一种成就感，是我们让家变得更美、更安全，与家人和朋友享受其中的快乐。大多数 DIY 家居零售商逐渐建立起了这种情感语境。英国那些已经消失的老五金店对此很清楚，美国那些经受住了沃尔玛打击的独立五金店也明白这一点，你还能发现顾客对它们的认可。因为这些商店是为顾客而存在的，而不是为了展示商品。相比单纯地推荐产品，给顾客提供建议和帮助更有价值，顾客会铭记于心，因为他们喜欢并重视这种帮助。

蓝图的概念

我花了两天时间，给翠丰集团（Kingfisher）的波兰家居事业部的高管团队深入讲解了“蓝图”这个概念，他们对我说，现在理解了自己不是要销售钉子、榔头和木材，而是要帮助人们重建家园。这一刻我感到无比自豪。这就是蓝图。想一想，当你有了这个强大的武器来实现目标时，你将如何改变零售沟通方案，并将以怎样的方式销售或推广产品？

找到你的情感语境

你要做的第一件事是：必须明白销售的东西到底是什么。这个问题看似简单，但实际上是个陷阱。我们作为零售商，一直在学习关注产品、采购、配货、定价、归类、美陈、培训、促销……如果你一开始就去寻找顾客到底购买了什么，就会误入歧途。你的关注点又会落到产品上，而且越陷越深。

人们的情感语境是有差别的，而且顾客的需求状态会改变情感语境。但是，有没有一组情感语境是密切相关的？就像在威严葡萄酒的例子中，分享、品位、庆祝等情感彼此相关。下面是一些情感语境的例子。

- 宜家销售的不是家居，而是普遍适用的优秀设计。
- 集装箱商店集团（Container Store Group）销售的不是盒子与架子，而是让生活变得整洁的方式。
- 星巴克销售的不是热水和咖啡豆，而是休闲空间。

顶级零售商的策略 Smart Retail

宜家的蓝图

瑞典家居巨头宜家的蓝图是：普及优秀设计。它让设计独特、新颖的产品变得普遍，顾客可以在宜家采用不同的组合方式实现多种功能。宜家成立于 1943 年，是一家相当老牌的企业。成立 30 多年后，创始人英格瓦·坎普拉德（Ingvar Kamprad）写下了这句话：“我们决定要彻底地与众不同。”宜家正是在这个理念的指引下，业绩开始高歌猛进，如今销售额达到了 300 亿欧元。

我认为这是迄今零售商说出的最重要的一句话。1976 年，英格瓦·坎普拉德写下了著名的文章《一个家具商的信仰》，开篇就有那句话。这句话听起来像政党的口号，不过，它让宜家成了世界上最具影响力的公司之一。以下是开篇几段：

> 我们要以极低的价格，向大众提供品类丰富、设计独特、实用性强的家具产品，要让更多人能买得起，为他们创造更美好的生活。
>
> 我们决定要彻底地与众不同。从长远来看，对顾客有益，就是对我们有益。实现这个目标，任重而道远。
>
> 世界各国为了满足一小部分人口的需求，消耗了大量的资源。例如，我们的产品线中，有太多独特新颖的产品都是为少数高收入的顾客准备的。这已经和我们的目标背道而驰。

宜家作为全球最大的家具零售商，销售的不是家具，这一点更难能可贵。它是优秀设计的普及者，让更多人享受到了更有品质的生活。这就是不同之处。

这就是宜家的蓝图，也是它事业的核心。在宜家看来，顾客亲手组装家具不是一件为了省钱而去做的琐事，而是切实用自己的劳动来改善居住和工作空间的体验。在宜家店内，大家一起动手组装家具，通常是一件快乐的事情。就算组装过程很简单，结果仍然能让人感到开心。那些愤世嫉俗的人可能会对这句话嗤之以鼻，但事实就是如此。宜家切实承诺帮助购买顾客安装毕利（Billy）书架，顾客甚至都不需要仔细阅读安装说明书。

有一个极有说服力的证据，能够证明宜家不是家具零售商，而是家具普及者。这个证据就是宜家的控股公司伊卡罗（Ikano）把 Habitat 经营得一塌糊涂。伊卡罗收购 Habitat 可能是认为，有些顾客有一定的消费能力，想要比宜家高级的产品，他们绝对不要普适，不想在宜家购买大众化的东西，想要标新立异。所以，战略收购一家擅长于此的零售商就在情理之中。然而，伊卡罗并没有成功运营 Habitat，最终放弃了，以极低的价格出售了 Habitat，灰头土脸地背负了巨额债务。

难道世界上最大的家具零售商竟然无法成功运营另一家家具零售商？当然不是，因为 Habitat 的蓝图和宜家的蓝图大相径庭，所以伊卡罗永远都不会成功运营 Habitat。

宜家不遗余力地向顾客传达自己的蓝图。门店内，首先展现在顾客眼前的是如何快捷地组装家具，全是整数的商品标价，有趣的日常用品、配饰和一些独特的小物件随处可见，容易搬运的各个品类，空间宽敞的收银台。每到周末，宜家就人头攒动，因为大家喜欢在宜家购买便宜的东西，而且这些东西既好用又美观，放在房间里，相得益彰。

假如你 20 年前去英国传统的家具店买你人生中的第一个沙发，需要等 6 至 8 个星期才能收到，至少要花费一个月的薪水，而且看起来和父母早年买的沙发，甚至和奶奶买的沙发，没有什么不同。而现在去宜家，不用太多钱，就能买到设计新颖、功能多样的沙发。这就是零售，这就是社会的变化！

其他公司的蓝图

以下是一些公司的蓝图，让我们可以对蓝图有更多的了解。

沃尔玛和塔吉特百货公司：所有商品的价格都是最低的

沃尔玛发明了“天天低价”策略，最大限度地削减成本，充分发挥了大宗采购的威力，没有哪家零售商能与之匹敌。按销售额计算，沃尔玛连续多年位居全球第一。人们的购买力竟然能达到如此惊人的程度。

塔吉特百货公司的蓝图是“东西更棒，花费更少”。我们来进行对比。沃尔玛和塔吉特百货公司的门店类型和商品品类大体一样，它们都属于折扣零售商。那么，这两个不同的蓝图实际会产生什么结果呢？沃尔玛必须一直销售 10c 的玻璃杯，因为这种玻璃杯的价格最低。而塔吉特百货公司另辟蹊径：“10c 的玻璃杯有点粗糙，不够好。我们要保持较低的销售成本，所以不能采购高档的 30c 玻璃杯，但是，我们发现了一款 12c 的玻璃杯，比 10c 的外形更漂亮、质地更均匀、更有分量，所以我们要销售 12c 的玻璃杯。”

这就意味着，塔吉特百货公司能够借助蓝图来开辟市场，和世界上最大最强的零售商竞争。人们注意到了这个细微的差别，结果塔吉特百货公司和沃尔玛相比，顾客群体更加年轻、受教育程度更高、消费能力更强。

美国 Poshmark：让女性买卖二手服饰更容易

Poshmark 的亮点就是虚拟衣橱。叙事性蓝图立刻让它脱颖而出，风头盖过了一直倡导“服务大众”的易贝，甚至时下大受追捧的拼趣。“让女性买卖二手服饰更容易”这句话会让人立刻产生兴趣，因为打造 Poshmark 网络平台的团队以及填满自己虚拟衣橱的用户，都能理解这句话。

“容易”也很重要，所以 Poshmark 以此为出发点，采用了新的物流模式。顾客在易贝上下订单后，邮局先给卖家分配邮包，卖家把货物装进邮包，再由邮局送给顾客，物流十分差劲。而 Poshmark 省略了邮局这个环节，订单产生后，卖家会直接将货物快递给顾客。

德国阿尔迪：精挑细选，物美价廉

阿尔迪出售的商品或许很便宜，但是品质不差。欧洲的中产阶级家庭承认，他们会花相当一笔钱购买物美价廉的商品。阿尔迪的门店都很简朴，运营效率极高；相比乐购和西夫韦庞大的库存品类，阿尔迪的库存少很多，因而管理费用更低。"精挑细选"很关键。这个词意味着阿尔迪告诉消费者"相信我们，我们只销售物美价廉的商品"。这些商品不是便宜的劣质货，而是经过精选，品质很棒。因为销售量大，所以价格更低。

加拿大露露柠檬公司：更好的装备，让生活尽显活力

露露柠檬公司（Lululemon Athletica）的创始人奇普·威尔逊（Chip Wilson）热爱冲浪、滑冰和滑雪。他把这些运动的专业装备引入瑜伽行业，态度却十分开放和包容。他想推动人们练习高强度瑜伽强身健体，同时想让这项并不轻松的习练过程变得轻松愉快。所以，运动本身是焦点，装备是辅助。

露露柠檬公司的工作人员都友好而热情。各种服装用料考究，做工精良。如果顾客在穿着过程中出现任何问题，门店欢迎顾客退货，提出问题，并给出改进的建议。露露柠檬公司倡导的服装被称为：运动休闲服。这些运动服极其舒适，可以在日常生活中随时穿着。

英国 Space.NK：甄选高品质、原创、出众的美妆产品

尼基·金奈尔德（Nicky Kinnaird）是天生的零售高手。她认为，顾客希望自己钟爱的品牌能给自己一些建议，他们需要别人帮助自己挑选时下最合适的产品，而百货公司里倩碧或香奈儿的专柜柜员是不会帮这个忙的。顾客需要自己找到系列产品中最适合自己的产品组合。所以，Space.NK 堪称《时尚》（*Cosmopolitan*）或 *Vogue* 杂志中"美丽秘诀"栏目的现场展示。这

个高度专注的蓝图深受顾客的喜爱。

英国波特女士：按照时尚杂志美编标准，在线销售时尚奢侈品

2000 年，波特女士网站上线，当时大家普遍认为在网上销售奢侈品是不可能的。现在听起来有点可笑，是不是？那时，一些自认为无所不知的非业内人士开了一场莫名其妙的会议，为他们不甚了解的事情制定了一系列规则，却不考虑这件事的前景。设计师和时装店同样大吃一惊，波特女士的创始人纳塔利娅·马斯内（Natalie Massenet）花了一年时间，才找到一个很有勇气的设计师，他同意把自己的产品放在网上销售。

时至今日，一些时尚专家认为，能与波特女士合作，是对设计师的高度认可。波特女士网站上出售的服装系列多达 350 个。这家网站总是能把高级时装的传统元素、流行语、潮流热点、搭配秘诀以及对设计师的高度尊重变成时尚艺术，用这些元素在网上创造一个时尚空间，其页面设计和时装一样值得一看。时装销售为波特女士现在的股东创造了数亿欧元的收入。

其他时装零售商的网站几乎都尝试在某些地方模仿波特女士，甚至原样照搬。但波特女士的先发优势让它保持了领先地位。波特女士的决策都基于它的蓝图，纳塔利娅·马斯内突发灵感，预料高级时装的在线杂志既能让读者欣赏，又能直接吸引他们购买流行时装。之后，波特女士发展强劲，销售额开始疯狂增长。复制网站的排版设计和丰富的时尚元素只是一个方面，如果不改变不匹配或者没有实质作用的蓝图，一切都只是表面功夫。

美国 Crate & Barrel：绘制现代理想生活的样板

Crate & Barrel 的每家门店都打造了精致的样板展示区，向顾客展示现

代生活的格调。它一再规范美陈的细节规则，营造出了独特的视觉感受。因此，许多顾客专程而来。

20世纪60年代，Crate & Barrel的创始人去欧洲旅行时，对当地的家具十分着迷，旅行结束后就开了一家小店，售卖简约时尚的进口欧式家具。到20世纪80年代中期，这家店积极进取，获得了中老年顾客群体的认可。Crate & Barrel一直都很推崇样板间式的营销方式，店里有各种各样的样板间。

美国Pirch：亲身体验，倾心之选

零售业是充满摩擦和奖励的行业。Pirch门店创造了一种摩擦微乎其微的购物环境，店内所有设备都是待机状态，顾客可以随时体验。在水龙头展示区，水龙头里的水缓缓流出，厨师在旁边烹饪菜肴，你可以跟着厨师亲自下厨，体验一下厨具是否称心。甚至你想去店里冲个澡，亲身体验一下淋浴设备也可以。Pirch大胆地承诺，保证物有所值。它的宣言是“灵感无价”，而且提供专业快捷的安装服务。

对顾客来说，抽出时间去厨卫店需要充足的理由，如果能亲身体验，就更是一种莫大的奖励。Pirch达到了这种效果：顾客在体验精致的厨房设备的时候，要么忘记看价格，要么就在盘算如何改造自家现有的厨房。

Pirch表示，它的任务是“让每一分钟都有价值”，但业务的本质却是“亲身体验，倾心之选”。后面这句话表达出了它的蓝图。这是一种非常独特的做法，而且大受欢迎。

苹果公司：呈现品质生活

苹果公司的零售店就相当于只卖苹果产品的PC World或者百思买（Best

Buy)。苹果公司的零售模式出自罗恩·约翰逊之手，他借鉴了电器零售的经验。罗恩·约翰逊加盟苹果公司之前，是塔吉特百货公司的销售副总裁。罗恩抛开了电器零售的束缚（把产品都藏起来，防止丢失；只能看，不能摸；只看价格，不看功能），创造了一种新的销售模式来展示苹果公司的高科技产品。店员随时可以帮助你了解如何使用产品。这就意味着，顾客可以把玩产品，在此过程中可能会产生兴趣，遇到问题时还有人随时答疑解惑。

赛百味：现场制作，随心搭配

赛百味（Subway）将“新鲜即健康”的理念展现得淋漓尽致，获得了巨大的成功。它投入巨资寻找健康的配料食材，通过图片向顾客展示新鲜的生菜、多汁的番茄，引导顾客相信现场制作的三明治要比 Greggs 餐厅提前打包好的三明治更健康。美国人杰瑞德·福戈尔（Jared Fogle）以赛百味三明治为主食，一年后体重从 193 公斤减到了 88 公斤，成了赛百味的代言人，在美国家喻户晓。虽然人们通常去赛百味点的是双份芝士的百味牛肉丸三明治，但是大家普遍在潜意识里还是把它当作健康的快餐。赛百味发挥了蓝图的强大力量，但也有偷换概念之嫌。

美国好市多：会员制仓储量贩卖场

好市多（Costco Wholesale）的门店通常面积都非常大，商品品类不是很多，但是每种单品存货量较大、价格低廉，库存周转率快得惊人。好市多采用付费会员制，每个单品的包装都是大规格的。它主要面向小型商店、公司、宾馆和餐馆这类现购自运的顾客。后来，它将顾客群体扩展到了企业员工群体，这是很聪明的做法——给企业施加压力，让它们给自己的员工提供好市多会员卡，这会让员工感觉像是通过绿色通道进入了零售市场。

德国万得城：顾客都不傻，所以员工也得聪明

万得城（Media Markt）这家欧洲最大的电器零售商采用了一种独特的营销方式，公开宣称“顾客都不傻，所以员工也得聪明”。万得城很早就认识到，店员的表现直接影响销售业绩，如果他们能自己做决定，就更有可能向顾客提供良好的服务。所以，万得城为此改变了组织结构，店里的员工和管理人员享有10%的业绩分红，他们都能参与并决定商品的分类、定价和营销。大家都以此为荣，有了一种主人翁的感觉，因此能够向顾客传达万得城的蓝图。

顶级零售商的策略 Smart Retail

WHSmith：不同硬币的两面

WHSmith 的案例很精彩。它实际上由两个事业部组成：市区事业部和旅行事业部。旅行事业部不是一家旅行书店，而是WHSmith在机场、高速公路服务区和火车站开的门店，遍及全世界。一个事业部有蓝图，另一个没有；二者的利润也不一样。

WHSmith 市区门店出售图书、杂志、内存卡、糖果、文具、DVD、唱片和礼品，但是只有杂志品类业绩突出。因为有比它更好的文具店、书店和音像店，所以只有一个品类经营比较好。我曾经做过调查，10 多年来，市区事业部对自己的业务不够了解，员工也不知道他们的工作目标。

旅行事业部的业绩却很出色。其出售的商品和市区店基本相同，但是更有针对性，所以门店里有打折促销的畅销书、种类繁多的杂志，还有电池、零食、内存卡、糖果、饮品和止痛片。其蓝图是：竭心尽力，让旅途无忧。这些门店选品恰当、促销精准、结账快速、令人愉悦。蓝图指引着每个人：顾客知道需要找什么，市场专员知道采购什么，促销员知道如何推销。公司的蓝图如此清晰，在它的指引下，每个人都明确知道自己的任务。

> 不久前，WHSmith 公开宣布市区事业部经营状况欠佳，而旅行事业部的业绩却在快速增长，获得盈利。市区事业部没有侧重点，生意惨淡，只通过交易赚取差额利润，而旅行事业部明确知道业务的本质，获利丰厚。这肯定不是巧合。

彰显本色

下面这段话是摘自一篇报道“酿酒狗”（BrewDog）的文章，讲的是同样的现象，相当精彩。

> “酿酒狗”创始人詹姆斯·瓦特（James Watt）极其认真地说：“酿酒狗做的每件事都和啤酒有关，无一例外。我们想让顾客和我们一样，热爱精酿啤酒。我们按照自己的方式改变观念，挑战传统。我们总是说，要么功成名就，要么一败涂地。这种感觉很棒，因为不温不火真的有点儿没劲！”
>
> 这种稍显嚣张的言辞让马丁·迪基（Martin Dickie）和瓦特在网上获得了一个称号——“自命不凡的嬉皮士”。但是，“酿酒狗”的业绩增长惊人。这或许会引发一种让人不安的趋势：在这个信息泛滥、对品牌持怀疑态度的数字化时代，彰显自己的本色，或许成了取得成功的必要条件。詹姆斯·瓦特和马丁·迪基酿造出了优质的啤酒，同时用一种有争议的噱头和痴迷的热情进行销售，这种方式是不是代表了未来的商业模式？
>
> ——乔恩·亨利（Jon Henley）
>
> 《卫报》（*The Guardian*），2016

“酿酒狗”是一家清楚自己业务本质的公司。与“酿酒狗”的任何一个人交谈，不管是吧员还是创始人，你都会发现，他们的说辞出奇地一致，和瓦特那段激昂的宣言无二。亨利在文章中写到，或许这种本色和热情在现代商业中已经必不可少。这句话相当在理。娜奥米·克莱恩（Naomi Klein）在《No Logo：颠覆品牌全球统治》（*No Logo*）一书中极力提倡颠覆品牌，她提到的反品牌运动同样符合行业现状。亨利做出这种推测，可能就是基于这个原因。这是一个机遇。“酿酒狗”的每个人都有同样的信念，充满激情，每句话都说出了自己的心声，所以他们都知道自己的责任所在。蓝图就是这一切的关键。

如何成为顶级零售商 Smart Retail

当下的行动

- 弄清楚到底在销售什么，发现其中的情感语境。
- 列举出产品能让人们生活变得更美好的方式。
- 分析竞争对手的蓝图。它的蓝图有什么独特之处？和你的蓝图有差别吗？它是如何吸引顾客的？
- 按照同样的方法分析自己的蓝图。

长远的战略

- 成立一个团队，理性检查蓝图，如果有必要，就重新定义。
- 制订计划，使业务和蓝图保持一致。

Smart Retail winning ideas and strategies from the most successful retailers in the world

第 3 章

策略 3，

明确需求状态，找准零售定位

军事任务、业务渠道的术语根本无法解释顾客的消费动机，我们越早开始从顾客的角度去考虑问题，好处就越多。

本章探讨要点

- 顾客如何根据需求而不是根据任务决策
- 定位和需求在顾客产生期望中的作用
- 顾客忠诚度在零售业中是不存在的

系统化思考

顾客不会根据货架平面图，或循着商场地图和商场某个吸引人的政策去消费。他们带着一大堆需求，有的需求很明确，有的则很模糊，有的需求超出了零售商的能力，有的需求则是完全可接受的体验和极致体验的差别。在有些方面，顾客的体验确实很糟糕，能满足这方面的需求的零售商就会在顾客心中占据一定分量。对比一下约翰－路易斯百货公司的电器部门和 20 世纪 90 年代的柯瑞斯（Currys），或者乔氏超市和阿珂姆（Acme）。

顾客需求的类型有哪些？有以下 3 类。

- **实际需求：**天冷了，我需要买一件毛衣。
- **情感需求：**我想让自己开心一点。
- **机体需求：**我穿 14 码的裙子，所以我需要买一条 14 码的裙子。

需求不等于销售

我时常把“需求”和“需要”这两个词互换使用。这种简便用法可能不对，但是不会对你的理解和行动产生实际影响。

有需求并不一定代表会产生实际购买行为。人们在购买之前通常会进行研究和对比，因为情感需求和实际需求从一开始就同时存在。假设顾客要购买沙发，可能先需要研究一下沙发的尺寸、款式和价格等，但是这个过程中也会掺杂情感需求：这张沙发应该能够符合他们的审美，更加舒适，人们忙碌一天后躺在上面会感觉很惬意。即使顾客还处于研究阶段，零售商也必须觉察到潜在的销售机会，至少要询问顾客是否要现在购买。

然而，如今很多咨询顾问误解了“全渠道”（见第 6 章）的含义，他们只是帮助零售商完善研究和售前行为，而不进行任何实质的销售。简直太愚蠢了！我不是提倡要像老式学院派那样激进地推销，而是想指出当下这种顾客主导型的销售过程中包含了采用合理的方式促成交易，但大多数零售商不仅忽视了这个销售机会，而且还浑然不知。

如果是在网上销售，就必须借助数据告诉顾客，今天下单是有优惠的。如果是店内销售，无论是被动销售还是主动销售，销售过程中都必须有针对性地推荐产品，从而引导顾客达成交易。

3 种需求状态

在所有消费过程中，顾客的需求状态通常都是复杂多样的，其中起主导作用的是情感需求（见第 2 章）。下面以顾客想要买一套新衣服去参加面试为例进行分析。

实际需求是由当下的情况决定的：

- 需要一套适合参加面试的新衣服。

情感需求可能超越当下的情况：

- 需要增加自信。
- 需要能获得面试官的认可。
- 需要展示符合工作要求和个性的形象。
- 需要一次轻松的购物体验。

机体需求可能是搭配得当：

- 需要衣服质量达标。
- 需要一条 34 码的裤子和一件 L 码的夹克。
- 需要穿着舒适。

对于不同的消费者来说，需求可能千差万别。零售商的工作就是满足顾客的实际需求和机体需求，从而消除摩擦；然后提高奖励来满足顾客的情感需求。以下是一些满足情感需求的方法。

情感需求很重要

我们曾为一个重量级零售商客户提供咨询，其中包括重新定义蓝图。这个客户业绩很出色，但其中一项业务得不到顾客和媒体的认可。我们从头梳理这项业务的发展过程，从中寻找灵感，经过 3 个月的研究调查，最终得出了新的蓝图。

新蓝图中包含了“快乐”这个词。然而，几乎所有的管理人员都讨厌新蓝图，总经理甚至说：“我们无法让人们快乐。”我们据理力争，主要因为我们基于一系列的改革创造了这个新蓝图，这些改革能将现有的业务从商家主导模式转变为顾客主导模式。

但是，客户没有采纳我们的建议。有些人觉得让顾客“快乐”很难，有些人讨厌新蓝图，我想是因为“快乐”似乎不够商业化。“快乐”不是一个专业术语，他们认为这个词出现在年报中看起来会很奇怪。但是，顾客是富有情感的人，让他们快乐不仅重要，而且完全可行。因为我们把他们当作独特的人来看，而不是报表中冷冰冰的数字。

这种情况在零售业中十分普遍。我们忘记了成功完全依赖于成千上万的顾客决定选择我们。有时，由情感需求引起的消费也很容易理解：快乐、开心、享受购物的乐趣。当你思考需求状态如何驱动销售过程的时候，千万别忘了情感需求。

分析需求状态

人在不同的环境中，其心理状态、动机、耐心，甚至生理感官的表现都不一样。比如：你开车进入高速公路的服务区吃一份汉堡，或者与朋友在当地的美食酒吧品尝 30 天风干的干式熟成汉堡，在这两种情况下，同样都是吃汉堡，但是你会有两种不同的表现。你做出选择的时间不同；想吃食物的目的不同；会接受不同的服务标准；观察汉堡的方式会不同；吃的节奏会不同；这两餐饭的价格也相差很远，而且你可能觉得更贵的汉堡更有价值。

顾客洞察团队将这两种情况描述为两种不同的顾客任务。我讨厌这种贴标签的方式，因为“任务”一词过于刻板。任务是一种有目的的计划。我不认为大多数消费者的目的性完全超越了原始冲动。此外，原始冲动还会直接受到各种外部因素和根深蒂固的偏见的影响，也会受到潜意识活动的影响。

我倾向于将这两种情况描述为两种不同的需求状态：我们需要购买 X 而得到 Y。这就更好理解两种情况的不同了：我们在高速服务区买汉堡是需要补充能量；在美食酒吧买汉堡，是需要在雅致的地方聚会，和友人共度美好时光。

按照需求状态思考也很容易，就是弄明白顾客前来消费时，可能会产生什么样的需求状态。根据一份详尽的清单，就可以对需求状态进行分析。

a. 哪些需求状态最普遍。
b. 我们能最好地满足哪些需求状态。
c. 在我们能最好地满足的需求状态中，找出最具商业价值的一种，然后围绕它来提升我们的能力和客户体验。

在我们能满足的需求状态中，有些是需要价格便宜；有些是需要销售人员协助；有些是喜欢引导；有些是喜欢点菜式地选购产品；有些是只在意价格是不是最低；有些是在意各种配套服务是否超值。

d. 哪些需求状态与商品有关，我们能够或者应该满足，但是目前没有满足。顾客会去竞争对手那里消费，还是会把钱用到其他方面来满足自己的需求？
e. 最重要的营销策略。有哪些需求目前没人能够满足？因为大家都不知道它的存在。

“他们甚至都不知道他们需要自己想要的东西”，发现这个惊人现象的人赚得盆满钵满，已经退休去了加勒比海的私人岛屿。

“我们认为，你需要在户外听音乐。来，享受一下随身听。”

“我们认为，你需要坐在公交车上上网。这就是为你准备的，试试 Treo 智能手机。”

“我们认为，你需要在上厕所的时候也能买书。那就来亚马逊吧。”

我不知道亚马逊董事会主席兼 CEO 杰夫 · 贝佐斯（Jeff Bezos）融资时有没有向投资人提到过厕所这个场景，但是我确实做过一份 PPT，向客户提到过这一点。这个客户现在之所以能将火箭发射到太空，或许是因为照我说的做了。我一直觉得麦当劳的奶昔令人无比享受。不过，这是另外一个案例。“我们认为，你需要在点单后很快拿到汉堡和奶昔。来我们的餐厅吧，厨房已经准备就绪，随点随到。我们是麦当劳兄弟。”

满足最重要顾客群体的需求

接下来该做什么？确保能满足已知的最重要顾客群体的需求。这句话听起来简单，但是看完下面两点之后，我相信你就不会觉得简单了。

- 你做的有些事情很受顾客欢迎，但你觉得这是理所应当的。如果你低估这些事情的价值，那么顾客也会。
- 总有一些事情会给顾客带来不便。你肯定已经反复告诉过自己，对这些事情无能为力。你本应直面挑战，却对自己撒了谎。（请看第 1 章中关于摩擦 / 奖励理论的内容，改变！现在就改变！）

定位

当我们面对产品或者顾客需求状态时，“定位”就是解决与之相关的实际、情感的问题。所以，阿尔迪的定位就是高效、不拖泥带水。乔氏超市归阿尔迪所有，但它的定位则是乐趣、省心、包容。你可能听过别人说，“我是去乔氏超市购物的那类人”。

有两本书你一定要读，它们会加深你对“定位”的理解。一本是丹尼尔·卡尼曼（Daniel Kahneman）的《思考，快与慢》（*Thinking，Fast and Slow*），另一本是菲尔·巴登（Phil Barden）的《营销前必修的购物心理学》（*Decoded*）。巴登引用了《思考，快与慢》中的一些观点，向大家展示了这些观点在营销过程中发挥的作用。我大致赞同巴登的见解，而且极力推荐给大家。巴登完美地解释了“定位”的含义，以下是一个关于两杯咖啡的经典故事。

顶级零售商的策略 Smart Retail

无论是去星巴克，还是去英国石油公司加油站的 Wild Bean Cafe，你都能买到一杯现做的咖啡。

2014 年，星巴克的一杯咖啡卖到了 3.05 英镑，因为星巴克的定位是一天中的休闲时间。顾客在这里会感觉放松、舒适、安心。它满足了人们忙里偷闲、放松的需求。

Wild Bean Cafe 的一杯咖啡只能卖 1.75 英镑，因为它的定位是一种快餐：站在红黄色调的快餐主题吧台前，排队买一杯好喝的热咖啡，迅速回到车里，开车上路。这种需求是身体需要咖啡因，Wild Bean Cafe 的咖啡同样能暖身，而花的钱更少。

巴登可能没有注意到，在这个案例中，两家店出售的咖啡口感和品质比想象中的更加接近。他们使用的都是半自动咖啡机。星巴克使用的咖啡豆的品质向来极佳，Wild Bean Cafe 也不逊色，使用的是 Douwe Egberts 生产的高品质阿拉比卡咖啡豆。两家店用的都是鲜牛奶，甚至连清洗咖啡机的流程都是一样的。

然而，品质相同的咖啡，在星巴克能卖 3.05 英镑，在 Wild Bean Cafe 只能卖 1.75 英镑。所以，英国石油公司与我们合作，着手改变 Wild Bean Cafe 的定位，并且提了很多建议——不谈咖啡的品质，而是更充分地向顾客展示精密的意大利咖啡机。我们还建议用自然的原木色替换店铺原来的红黄色调，店内装饰突出复古的砖块，用蓝色营造一种沉静的氛围。更换店内那些 20 世纪 80 年代快餐式的字体，给人一种现代独立咖啡馆的感觉。

结果呢？英国石油公司按照这些建议改造后，Wild Bean Cafe 的咖啡售价至少提高了 12%，销量也随之增加。顾客现在更加开心，高度认同这个定位，因为这种独特的风格满足了他们的需求：他们能在路途中找到一个地方，享受一杯香浓的咖啡，在匆忙之中获得短暂的放松。

如果我们做后续的调查，回访新店与老店里的顾客，新店里的顾客会告诉我们，现在的咖啡更好喝，虽然也更贵。后文会讨论我们的建议有多疯狂。

把茶当成珠宝卖

澳大利亚茶叶零售商 T2 销售茶叶就像潘多拉（Pandora）销售珠宝一样，广受顾客青睐。T2 的业务扩张到了英国、新西兰和美国，而且被全球最大的消费用品制造商联合利华收归旗下。T2 的 70 多家门店风格统一，全都遵从现代时尚、专业热情的定位。

T2 的门店风格突出，茶叶的包装盒看起来像是一块高级腕表的包装盒，而不是以前那种土气的包装。这是我最喜欢的略带表演式的零售店，T2 门店的每位员工手里整天捧着的一杯茶，有点像老式剧场人工制造烟雾和特意摆放镜子，或者在音乐厅顶上安装玻璃，都是刻意为之。这种场景直接告诉顾客：我们对茶真的很痴迷，要买茶叶就来找我们。当然，员工并不是真的整天不停地喝茶，只是这个情形会让人信以为真，觉得他们真的对茶很痴迷。

联合利华作为制造商，占据了茶叶品类市场的很大一部分，为什么还要收购 T2 呢？因为联合利华着眼于未来，想要理解顾客为何会喜欢 T2 这种定位高端的零售商。这个定位是明智的。制造商和零售商各自所扮演角色的界限越来越模糊。

定位和需求状态

定位有时候是显而易见的，是商家对外形象展示的一部分；有时候是一系列细节。思考一下你自己会如何包装产品、体验、门店、网站或 App。我们会不会面临这种情况：目前的业务是快餐式的，但是从顾客的需求状态来看，顾客更喜欢另一种定位。我们现在的定位占据了首选优势，还是在顾客的选择排序中只是第 2 位、第 3 位，甚至更靠后？

定位、蓝图和奖励

零售商蓝图和购物体验定位之间有密切的关系。在阿尔迪和乔氏超市，这种关系显而易见：前者对外展示的是快速高效的形象，后者则体现的是休闲、快乐。麦当劳一直努力转变自身的定位，变得越来越精致，试图从一家速度第一、味道第二的汉堡店，变成一家注重品质的欧式咖啡厅。其中最为成功的就是麦咖啡。第一家麦咖啡门店开在欧洲，形象设计摒弃了传统快餐店的红黄色调，以欧式的泥土色、芥末黄、咖啡色、原木色为主。麦当劳的蓝图从快餐店转变成了咖啡厅，定位也随之改变。

波特女士的蓝图是按照时尚杂志的美编标准在线销售时尚奢侈品，将定位直接融入了蓝图。宜家的蓝图是普及优秀设计，定位则将蓝图融入卖场之中，通过向顾客展示组装家具的过程，告诉人们用高端设计提升生活品质是多么容易。这就是蓝图想要实现的结果。

定位和奖励之间也存在密切的联系，这是显而易见的。在分析摩擦 / 奖励指数的过程中，借助定位增加奖励因素，营造奖励丰富的购物体验。

商品描述

你是一个聪明人，是经验丰富的零售商，肯定熟知营销策略。像我一样，你绝不会掉到营销陷阱里。你尤其不会相信制造商优美的产品文案。你知道，清冽的山泉气泡水其实就是一瓶含气的水。你能分辨出营销的噱头和自己真实的感受。事实上，你不能。我们谁都不能。

面对堆积如山的证据，我们只能接受这个事实。很多研究结果证明，我们在认知上随波逐流，我们的决定受到了这些陈词滥调和明显的营销噱头的影响，其程度超过了自身经验和偏好的影响。研究人员发现，一般情况下，拥有专业知识能降低我们受影响的程度，但是不能将其彻底消除。例如，在品类锚定价格试验方面，尽管我们是专业的，但还是会受到外部提示的影响，只是我们的受迫性失误（forced error）会少很多。

我们是零售领域的专家，也懂营销。如果连我们这些圈内人都容易受到影响，就说明定位和商品描述有多么重要，尤其是形容词的作用不可忽视。

一件“洁白、轻盈的纯棉衬衫”，这样的描述给了我们很多的遐想和期待，我们无法忽视这个长句，因为它勾起了我们的遐想、偏好和期待，就像我们无法忽视一个人站在眼前冲我们喊出这些词语，而“衬衫、白色”就不能让人感同身受。

零售业使用的语言拥有巨大的威力。布莱恩·万辛克（Brian Wansink）任职于康奈尔大学食品实验室，他多次提出：对于同样的菜单，使用形容词描述，既能按照描述的方式提高食品的销量，又能让点单的顾客增加对食物和用餐过程的满意度；简单的描述则达不到这样的效果。

万辛克的朋友们都知道他的妻子詹妮弗厨艺精湛。夫妇俩设计了一项实验，总是请不同的朋友来家里吃晚餐。实验步骤之一是，写几张用很多形容词描述菜品的卡片，放在每个餐位前。朋友们都知道詹妮弗的手艺很好，再加上这些卡片，会让人产生一种期望，觉得这餐饭会很棒。结果正是如此。餐桌上摆着鲜花、蜡烛和其他漂亮的装饰品，食物摆在精美的陶瓷餐碟上，让人垂涎三尺。

前两道菜过后，他们告诉客人：这些食物其实都是从超市买来的现成食品，他们只是打开包装，摆在精美的餐具里，看起来和家里做的一样。大家都不由得发出感叹，但是接下来发生的一幕不可思议：詹妮弗端上来的甜点同样也很精致，卡片上的描述文字用词华丽，全是褒义的形容词。但是，所有客人都知道，这也是超市再普通不过的甜点，詹妮弗只是装饰了一下而已。不过，客人还是认为甜点的味道尝起来比描述得还要好，有些人甚至坚信还有另一个实验。他们猜想，食物确实是在家里做的，之所以告诉他们是在超市买来的，就是为了测试描述卡片是否会对他们的认知产生影响。

如果描述和修辞能对我们产生如此大的影响，那么就算听到的是笑话，也会受到它的影响。这是不是进一步说明，定位和商品描述在零售过程中的作用至少同等重要？还有人认为，万辛克是想求证这一点：描述、环境和褒义形容词让人们产生期望，这个方法才是发挥作用的关键。这些外部因素让我们产生了一种正向的期望。人类天生厌恶风险的倾向是一种证实性偏见，它告诉我们期待好的结果本来就是对的，事实好像已不太重要。

顶级零售商的策略 Smart Retail

Northern Quilted的愚人节

美国卫生纸品牌 Northern Quilted 在愚人节发布了一条精彩的视频，它宣布推出了一款纯手工制作和打孔的复古卫生纸，而且还特意把单卷包装描述为“小包装”。这条广告彻底颠覆了近年来兴起的借助热点制造话题的做法。人们看到这条视频时，会觉得既有趣又奇怪。你看了也会有这种感觉。广告中用了一连串优美的形容词来描述这件有爱的手工艺品，让人觉得它就是一款真正的产品。我们喜欢有爱、有艺术性的东西，即便是一则滑稽的广告，我们也渴望真正去体验这个东西。广告中还推荐了一款纯天然桦木卫生纸，其实就是一卷用绳子绑着的树皮。

这条视频播出后，立刻引发了一场全民搜索行动，人们到处寻找视频中的卫生纸。这说明真实性和工艺性唤醒了人的本心。因为我们渴望更有意义的体验，渴望建立超越产品和消费本身的联系。

一则明显胡说八道的滑稽广告也能短暂激发情感需求。这让人难以置信。

星巴克的新概念

你可能会奇怪——我为什么列举了很多餐饮业的案例？因为餐饮行业变化太快，所以这些商家都是定位高手。星巴克是第一批将咖啡馆定位为“休闲时间”的商家，而且发展出可复制的连锁模式。星巴克发展迅速，短短几年就占据了全球市场，而且品质和服务极其稳定，让人不得不佩服。但是这种定位开始显现出劣势和脆弱的一面。咖啡消费文化也在发生变化，顾客开始寻求享受咖啡的新方式，推崇工艺性和创客元素的风潮开始走向主流。同时，有证据证明，越来越多的人开始在家享用咖啡。

所以，星巴克在几个地方的时尚街区开设了定位不同的门店。其中一家店是位于西雅图的星巴克烘焙工坊，定位有点类似于“咖啡世界”；另一家店是位于伦敦圣马丁上街的星巴克臻选，它尝试将艺术价值和工艺展示融入咖啡之中。在星巴克臻选门店，顾客可以从四种不同的小包装咖啡豆中挑选一种，然后选择用爱乐压或三叶草咖啡机制作，或者手冲。在萃取咖啡的时候，咖啡师会向顾客讲述咖啡豆和种植园的故事，也会谈及各种冲煮方法的技艺和误区。你会听到一连串形容词，味蕾也开始随之跳动。

从挑选好咖啡豆到咖啡师手工冲调完成，只需要 5 分钟，而你需要付 6 英镑来享受这杯咖啡，你不仅会很愉快地付钱，事后还会对这杯咖啡赞叹不已，觉得物有所值。这是嗅觉、视觉、味觉、听觉获得享受的过程，是一种美妙的咖啡体验，感觉确实与众不同。

伦敦圣马丁上街（Upper St Martin’s Lane）门店的运行机制存在一些问题，他们测试了自助点单，顾客可以通过平板电脑上的 App 点单，之后坐等店员送到面前。他们千方百计地寻找正确的方法来管理这些环节，将它融入顾客的体验之中。这一设想无意中制造了一些额外的摩擦，有些摩擦甚至超过了现有的奖励，但是顾客一旦坐到吧台前，就会发现一些相当特别的东西。

这并不是星巴克独有的想法。各地都有一些独立的咖啡店在为顾客营造独特的体验。我们去过一家名为“Bonanza”的第三波咖啡馆。它位于柏林的时尚新区 Prezlauer Berg，其理念和星巴克臻选是完全相同的。它的视觉体验可能不如星巴克，但是也完美地诠释了对咖啡艺术的卓越追求。

这是连锁店向独立门店学习的绝佳案例。我支持这些独立门店，它们总能在连锁店之前快速做出改变，去适应和满足顾客不断变化的需求。这些独立咖啡馆能吸引星巴克来学习和模仿是一件值得骄傲的事情，不过，也要继续向前进步。

顾客忠诚度

我们努力营造令人愉悦的消费环境，来满足顾客的各种需求，也许你期望顾客开始表现出一定的忠诚度，但这是一个伪命题！因为顾客对零售商的忠诚度根本是不存在的，人们惯于见异思迁。忠诚度只是咨询顾问描绘的白日梦，胡说八道而已。零售商想要获得顾客的忠诚度，甚至想要购买顾客的忠诚度，不仅成本高昂，而且没有任何意义。顾客对美国鹰（American Eagle）和 Gap 的忠诚度没有分别，他们乐于去任何一家店消费，谁要是能以最佳的摩擦 / 奖励指数更好地满足他们的需求，他们就会去那里。

有人会说品牌忠诚度是站得住脚的论点。品牌忠诚度确实存在，顾客对一款牙膏品牌的忠诚度，要远高于对出售这款牙膏的商店的忠诚度。你可能会说：“看起来顾客对我很忠诚呀！”团体性顾客的消费行为更能说明这一点，他们定期消费、金额不菲，这样你的净推荐值（net-promoter）就会很高，但是维持这个状况的前提是，你能持续满足他们的需求，而且竞争对手的摩擦 / 奖励指数不如你，无法更好地满足他们。一个对巴塔哥尼亚（Patagonia）极其忠诚的顾客，甚至觉得在巴塔哥尼亚买衣服是某种形式的责任，但是如果其他零售商能够以更低的摩擦 / 奖励指数（比如：衣服品质极佳，可低价回收，还能送货上门）切实满足他同样的情感和实际需求，他最终还是会弃巴塔哥尼亚而去。

森斯伯瑞的会员卡、乐购的俱乐部会员卡以及梅西百货（Macy's）的会员卡，都被认为与所谓的忠诚度计划有关，但事实并非如此。这是一种顾客消费数据和物质回报之间的交换：如果你愿意让我们研究你的消费行为，我们就会给你一些代金券作为回报。顾客并不傻，心知肚明，这些好处都不是免费的。他们逐渐意识到了这些数据的价值，不过也没关系。

乐购尤其能用数据做一些了不起的事情。如果奖励恰当，顾客就乐于参与，他们认为这个交换是值得的。需要注意的是，这会产生巨大的销售成本，而且零售商不能将顾客忠诚度计划纳入投资回报率的计算当中。如果对零售商来说，顾客忠诚度是不存在的，那么还有其他选择吗？幸而还真有！

首选优势

深信顾客忠诚度这种传统观点的人天真地认为：给予顾客额外的激励，就能不断满足他们的需求，他们就会一直前来消费，同时不光顾其他零售商。这明显是在胡说。如果你把“激励”看作“奖励”，把它代入摩擦/奖励等式中计算，就算结果很好，也不能说明顾客是忠诚的。这种状况只是暂时的，它能维持多久，取决于有没有新的物质激励来提高奖励因素。

但是，如果我们能建立一种高度聚焦、有吸引力、充满奖励，而且各方面摩擦最低的模式呢？如果我们能完美地做到这一点，顾客喜欢前来消费，让我们第一个有机会完成销售，或者满足他们的各种需求呢？如果我们的蓝图清晰独特，顾客到店之前就已经排除了其他可选择的零售商呢？

这就是首选优势。无论顾客处于什么样的需求状态，他都会在众多选择中首先选择某一个零售商。这个零售商对于他来说，拥有巨大的优势。这就是说，在任何一种或多种需求状态下，顾客首先考虑选择你。他们会先打开你的网站或App搜索，会先坐车去你的门店，会选择去你的门店所在的购物中心，会在浏览器中直接输入你的品牌名称：他们会首先让你尝到甜头。

这7个零售的增长策略能帮助你获得首选优势，但关键在于摩擦/奖励、蓝图、模式、探索性、促销活动和人性化体验。对许多顾客来说，得到帮助和关怀的人性化体验最有吸引力，这也是目前实体零售商的特殊武器。

我之所以强调“目前”，是因为网络零售商逐渐将人文关怀加入在线互动的过程中，而且做得越来越好，既能让顾客随时与客服交流，又能出色地利用社交媒体。Enjoy网站就是一个例子，明明是一家网络零售商，却全力发展到家服务业务。没有什么是理所当然的！

不能因为我们可以通过手机、平板或电脑在网上下单，就认为建立人与人之间的联系没有任何价值。零售商总是在犯这个错误，而网上业务因为不断增加人性化的元素而持续增长，企业文化对顾客体验变得更加重要。从店里到呼叫中心，从快递员到售后服务专家，一种诚信、有趣、周到、专业（易于分享这种专业知识）的文化都是打造优秀顾客体验的良好基础。说到首选优势，人绝对具有强大的吸引力。永远不要低估眼神交流和微笑的力量。

ASOS的首选优势

ASOS 次日达的配送费一般是 5.95 英镑。如果顾客支付 9.95 英镑的年费，全年可以享受免费次日达配送服务。顾客也可以不用花这笔钱，选择免费的标准配送服务，一般是三到五天送达。顾客需要支付一定的费用才能购物，看起来有点违反常理，但这一切都是基于 ASOS 对顾客的深刻理解。顾客不仅喜爱 ASOS 的时尚风格，也认可方便可靠的配送与退换货政策。ASOS 成为很多顾客每日必逛的店铺。因而，ASOS 在提供优质服务的同时，加强了与顾客之间的关系。顾客的心理过程表现得很明显：“我急需一些时尚的东西吗？我想，ASOS 肯定有一些我适合我的东西。我已经支付了次日达年费，所以应该先到 ASOS 看看有没有合适的东西。反正明天就能到货，如果不合适，退换货也很方便。”

ASOS 最先尝到了甜头，它向顾客收取一定的费用，让顾客首先选择自己，减少了消费体验中的摩擦。如果你已经建立了一项有绝对价值的事业，而且能向信任你的人持续稳定地传达这种价值，那么也可以采取同样的做法。

如何成为顶级零售商
Smart Retail

当下的行动

- 分析前文中提到的需求状态，找出自身的机遇和不足。
- 用文字描述目前的零售定位。
- 站在摩擦 / 奖励的角度，分析目前定位的表现。
- 思考竞争对手的定位，其中哪些是你比较中意的。
- 列出所有你认为能让你获得首选优势的事情。

长远的战略

- 根据已知的需求状态重新调整与顾客的互动过程。
- 制订计划，思考企业未来的定位。一个行之有效的办法是勾勒出一种未来模式，创建并试行这种模式，然后考虑快速测试这种定位的相关环节。

Smart Retail winning ideas and strategies from the most successful retailers in the world

第 4 章

策略 4，

启发式销售，引发探索的欲望

顾客一遍遍地浏览店铺网页，或者在实体门店的过道里转来转去，心里一直在呐喊：“给点力呀，卖家！让我买点什么东西吧！”

本章探讨要点

- 探索性在顾客互动中的作用
- 启发式销售
- 顾客为什么渴望被启发

一支铅笔也能创造惊喜

卡罗琳·韦弗（Caroline Weaver）是纽约一家商店的老板，她的左前臂上文了一个跟真实铅笔差不多大小的铅笔图案。你应该能猜到她店里卖的是什么东西了吧。韦弗酷爱铅笔，并且把销售铅笔和铅笔的周边用品当成自己的事业。我用铅笔写作更有灵感，而用钢笔书写或者用电脑打字没有这种感觉。就算我是一个怪人，喜欢买很多盒日丰蜻蜓（Tombow）品牌的Mono100铅笔，但除我之外也有许多其他顾客在发现了韦弗神奇的店铺和网站后，立刻就沉迷其中，无法自拔。开业后第一年，韦弗销售了109 896支铅笔，实体店内人均消费20美元，线上则是50美元。

韦弗的生意就是一个例子，她本能地依托了清晰的蓝图。她对产品有深刻的理解，不仅知道铅笔的原材料是加利福尼亚的翠柏、铅芯能写字，而且能让每位顾客都得到恰当的建议，挑选自己心仪的铅笔。这些造型别致、功能各异的铅笔，正好满足了不同顾客的需求状态。韦弗铅笔店的真正出众之处，在于它的探索性、内容管理性和故事性。这些不起眼的铅笔变成了一种独特的、有意义的私人物品。店里的布置尤其别出心裁：店内面积不大，但是布局和视觉陈列十分巧妙，能唤起人们的探索欲。一走进去，你就想拿起这些铅笔，探究它们背后的故事。

店里每一支铅笔的背后都有一段故事，每个系列铅笔的陈列都精致而巧妙。葡萄牙的香味铅笔，非常适合当作礼物；半合成的 IBM 考试铅笔，深受填字游戏爱好者的喜爱；一位著名作家在给朋友的信中写道，自己在早晨削了十几支软尖铅笔后，一整天都文思泉涌；一套生动的模具，展示了一块块木头变成铅笔的完整过程。别出心裁的布置和娓娓道来的故事，会让你的探索之旅变得丰富多彩。

> 铅笔的用途很单一，这家专营铅笔的商店却超越了铅笔本身。它更类似于吉他店，而不像是那种只卖爆米花或冰激凌三明治的商店。（这两家店距离铅笔店五个街区。）
>
> ——《纽约时报》

通过销售高利润的卷笔刀、精致的周边产品，或者提供笔身定制服务，也可以弥补铅笔平均单价较低的问题，但是定制服务先要获得顾客认可，才能真正起到作用。你应该去韦弗的铅笔店一探究竟，找到可以借鉴的特色之处。

超越自身价值的铅笔

卡罗琳·韦弗的铅笔店里有一款纪念版的黑翼（Blackwing）铅笔。这个例子可以说明人们对铅笔有多痴迷。这款带有传奇色彩的黑翼 602 是由埃伯哈德 – 辉伯（Eberhard Faber）美国分公司制造，于 1934 年问世。这个例子也很好地诠释了一个不起眼的产品如何超越本身固有的价值，变得意义非凡，并且成为一种零售商可以围绕它打造体验元素的物品。

黑翼 602 铅笔的特别之处体现在两个方面：它的尾端有一个略扁的方形金属包箍，里面有一块由铝片夹住的橡皮，橡皮可以更换；真正出彩的地方是铅芯，铅芯的配方中除了石墨和黏土外，还加入了蜡，书写起来十分流畅顺滑。笔身上印着著名的标语“半分力度，两倍速度”。其单支售价高于普通铅笔。黑翼 602 铅笔逐渐受到作家和艺术家的推崇，其中就包括约翰·斯坦贝克（John Steinbeck）、查克·琼斯（Chuck Johns）和斯蒂芬·桑德海姆（Stephen Sondheim）。20 世纪 80 年代末到 90 年代初，电脑受到疯狂的追捧，黑翼 602 铅笔总体销量开始下滑，90 年代末彻底停产，让人唏嘘不已。压制铝片和塑形的机器坏了以后，工厂的所有工人都不知道怎么维修。铝片的库存耗尽后，黑翼 602 铅笔也就停产了。

2010 年，美国铅笔制造商 Cal Ceder Pouducts 买下了黑翼的商标，开始以 Palomino 为品牌名复刻消失已久的黑翼 602。重生后的黑翼 602 铅笔销量暴涨，1 盒 12 支装的售价达到了 22 美元，奇贵无比。甚至还有黑翼铅笔改装俱乐部，这支铅笔的传承魅力令人赞叹不已。借此案例思考，你销售的是什么？在你的行业内，有没有可能借助一段真实的历史，让某种产品或设计复兴？

如果你想买一支 20 世纪 50 年代原厂制造的黑翼 602 铅笔，卡罗琳·韦弗的店里也有，售价是 75 美元。她说确实有人买过。这就是简单的顾客心理。如果一件东西承载了情感诉求，能最好地满足我们的需求，那么我们就会重视它，愿意为它的高价值买单。因而，零售商需要通过探索、内容管理和故事的启发来发现这种价值。

让顾客受到启发，你就赢了

回顾上文，我们按照摩擦和奖励思考了与顾客互动的过程，很清楚自己零售业务的本质是什么，知道了顾客带着什么样的需求而来。你应该寻找办法来满足这些需求。

我们已经成功地将顾客吸引过来，他们浏览我们的网站、关注我们的社交媒体、来到门店或者打开 App。现在就需要启发他们买我们的东西。除非你所在的行业极其冷门，需求不能通过产品直接体现，否则你就必须主动去启发顾客了解产品，让他试用体验产品并拿在手里近距离地观察。

这样做，产品的销量就有可能大幅上升。根据购物者研究咨询机构 Envirosell 发布的研究结果来看，高达 80% 的顾客最终会购买与他首先产生互动的产品。顾客不是采取多方对比、权衡利弊的有限理性行为而是根据当下的信息做出决定的。在这种情况下，另一种方案不大可能满足顾客的需求，因为顾客还没有发现那种方案，所以他手头的方案就更有吸引力。之后，厌恶风险的情绪开始出现，顾客找到了自己喜欢的方案，然后与其他方案综合对比，在此过程中顾客始终对第一个方案念念不忘。第一个方案被顾客了解后，主张其他方案的零售商就要更费力地满足顾客的需求，同时还要击败第一个方案。

回想上次买衣服时的情形，你就会发现这个现象。你一眼看中了一件衣服，但是还想看看其他款式，所以可能会先放下那件衣服，去挑选别的款式。你可能最终买了其他的款式，但是仔细回想一下内心经历了多少纠结和挣扎，才放下了第一眼看中的款式，决定买其他的款式。厌恶风险的心理迫使你从两个方案中做出取舍。

“长话短说：让顾客与某个事情产生互动，涉及行为经济学理论中一种复杂的状态。顾客首先接触的事情在他的心理上占据一定的优势地位。这种状况对于零售商来说是有利的。”

就网络零售而言，有很多顾客最终购买了他首先互动的产品。虽然现在还没有一个明确的数据，但是可以合理地猜测，门店零售中偏向于第一选择的心理状态也会在网络零售的虚拟环境中发挥作用。然而因为网络缺少触觉刺激，所以这个作用可能不太明显。不过，现在已经有了很多设备，能让我们与虚拟产品进行多方位的互动。

启发参与的 3 个元素

过去，我们开一家商店，在货架上摆满产品，就可以销售了。如果选品恰当、足够吸引细分顾客，人们就会前来购买。零售商起先试图将这种模式复制到网上：网站首页是品牌 LOGO 图标，点击进去就会看到一个个商品。这种方法的缺点在网上表现得很明显，整个屏幕上都是商品，杂乱而没有重点，让人很快就感到抓狂。对很多零售商来说，尤其是没有先发优势的零售商，尽管选品恰当、价格实在，顾客还是不会光顾。

沿用这种基本模式已经没有什么效果了。它就像开婴儿玩具店一样复杂，没有零售商能用这种方法获得成功。现在的任务是通过探索来启发互动。我根据亲自对全球顶级零售商的研究和访谈结果，建立了可以达到这个目的的一种模式。这些零售商经常认为自己的模式很特别，甚至专门对其命名。我将这些成功的方法和模式整合进了一套普适的工具。这套工具是行之有效的。如果你将其应用到自己的事业中，业绩将有明显的提升。下面就是顶级零售商在 3 个元素方面经常采用的策略。

- 探索元素：他们建立了一种从战略和结构上融合了探索元素的模式。
- 内容管理元素：他们通过内容管理简化选择、精简品类、促进互动。

• 故事元素：他们增加产品的故事性，顾客很容易从中识别与自己直接相关的利益。

第 5 章会讨论内容管理元素和故事元素。现在先谈探索元素如何发挥强大的作用，让顾客自然而然地想要与你和你的产品互动。当零售商建立了一种探索元素丰富的模式，精心选择商品、提供专属服务、呈现丰富的故事元素，让顾客很容易将自己置身于故事之中时，就产生了启发互动。

实际应用

下面是两个现代零售商的案例，他们在这 3 个元素方面都做得很出色。在第 1 个案例中，我主要讲述威廉索拿马实体店的出色表现，其网上业务在这 3 个元素方面的表现同样出色。第 2 个案例，我选择了埃韦兰斯（Everlane），它目前只在网上销售。实际上，区分实体和网络没有任何意义（见第 6 章）。

威廉索拿马：激发感觉和想象

一阵阵南瓜味的果酒香扑鼻而来，这是一种深秋温暖的香气，让我瞬间置身于新英格兰的深秋之中，金黄色的树叶缓缓飘落……彻底将我征服了。我刚走进店里几步，就仿佛已经穿越千里。然而，店外的街道依然熙熙攘攘，呈现出美国典型的中西部城市下午的光景。

这家高端厨具和家居用品零售商给人的感官体验，绝对是大师级水平。店内处处都散发着烹制食物的香气，季节性元素随处可见，试吃品信手拈来。哦，眼前就是那个诱人的南瓜香果酒，旁边还有南瓜面包。土豆泥和甜肉汁则在另一个展示区。就连声音都能引发你探索的欲望，顺着声音望去，原来是一个燃气灶上的罐子，不知道煮着什么东西，咕嘟咕嘟冒着气泡。此情此景是不是让你深受触动？类似的情景还有很多。

听完这个案例后，很多客户都向我表示这种做法在他们的店里行不通。你不是要展示产品创造出的味道吗？ 那这个办法就行得通。威廉索拿马独特的销售方式中充满着情感语境，它销售的是为朋友和家人下厨做一道菜的快乐和满足感。它的门店面积不大，大概只有 300 多平方米，但是展示元素和探索元素相当丰富。

店里的一切似乎都做过精心的内容管理，好像是在告诉顾客："我们既然销售这个产品，那你就可以放心地使用。"有一个产品的内容管理能完美体现这一点。它用一段精彩的故事介绍了这个产品。这是一套非常昂贵的平底锅，它的广告语是"这是你买的最后一口锅"，然后展示具体细节，告诉你这口锅是一份家产，可以一直传承下去。这是一个简单而打动人心的故事。它将一套普通的厨具赋予了特殊的意义，在顾客心中勾勒出了一幅幅温馨的画面。

威廉索拿马是以探索产品为中心的。这些产品不仅会提高你的烹饪水平，而且会让你深切体会到为家人和朋友下厨的快乐，这种感觉是多么温馨。

埃韦兰斯：透明，奖励美德

64% 的千禧一代愿意使用有社会意识的品牌，而不是奢侈品牌。这些人正是埃韦兰斯的目标客户群体。这个事实反映了一种趋势，如果你在本书出版几年后才读到，那么 64% 的这个比例还会升高。顾客发现，他们在埃韦兰斯购物可以为社会做贡献，而且实际花费比预想的要低。埃韦兰斯透明的价格相当有影响力，每个产品的标签上都体现了关税、原材料、人力和运输成本，这让顾客觉得他们参与的是公平交易。

埃韦兰斯的蓝图是成为完全透明的基础款服装零售商，这奠定了它现有模式的基础。它会讲述一个故事，告诉你这件 T 恤的制造工厂和工人是谁，它并不是来自血汗工厂，其制造过程是有利于社会的，并且价格合理公道。

市场调研公司 Forrester 表示，在网上销售白色 T 恤的商家有 8 000 多家，埃韦兰斯的这种办法使它们脱颖而出，获得了巨大的成就，每月卖出的 T 恤达数万件。

埃韦兰斯的一些做法从表面上来看似乎是反探索的。它不根据季节性的变化销售不同的系列服装，而是一次性上架。有些款式从它开业 5 年来就一直在店里销售。创始人迈克尔·普雷斯曼（Michael Preysman）说，服装“不能过时”，同时还说“衣服也能穿十年之久”，而且他鼓励顾客能穿多久就穿多久，这意味着这些服装的质量都很好。

每款新品的吊牌上都标着制造工厂的简介和价格，用数字真实地体现这些信息的效果非常明显。埃韦兰斯只有 200 多款产品，但每一款都体现了它的风格。这种内容管理深受顾客喜爱，他们愿意成为埃韦兰斯的一分子，相信它能向他们提供价格公道的经典服装。

探索

我们来具体分析启发顾客的这 3 个元素。先从零售商如何建立探索主导的模式开始。第 5 章再分析内容管理元素和故事元素的威力。这 3 个元素大体上表达的是一个意思：顾客发现了能满足他们此刻需求的事情，才会与你的产品或服务互动。增加探索元素，启发顾客去了解产品的好处是巨大的。下面是一些具体的办法。

从某种程度上来说，无论人们在线上消费还是线下消费，无论买什么，探索都发挥着重要的作用。比如，顾客本来要买亨氏番茄酱，却每次都会买正在促销的新品番茄酱，而且对新品番茄酱还很满意。探索在这种状况下发挥的作用可能有点偏离顾客的本意，但是所有的消费过程都会出现这种状况。零售商如果能利用探索，就能从中获益。

有时候，顾客在购物之前就会完成探索，比如，先在网上浏览研究，或者询问朋友。尤其是在购买一些高价值的物品之前，这种探索表现得就更加明显，但最终的结果明显会受到促销信息、专业知识的影响，尤其是库存的影响。

许多顾客在出发前就想好了要买什么，并进行了极为深入的研究，运用了网上所有能使用的办法，但是，在他们到店开始购物前，零售商还有推销的机会。这种情况同样也会在网上发生，顾客直接搜索想要的产品，常常因为缺货或者同类产品的推荐信息而犹豫。探索产生互动，互动能让顾客感到惊喜，随后为此买单。探索不只是向顾客展示新奇的东西，而是一个完整的过程，它帮助引导顾客了解你的主打产品和促销活动，体验优质的服务，最终让他们选择你的产品。

零售商要建立自己能满足顾客潜意识探索欲望的口碑，这将提高网站的点击量和门店的客流量。只要你能持续满足顾客的需求，这个定位就是正确的。围绕探索建立模式，也有利于你获得首选优势。整合探索的方法大体上有 4 种：促销导向、服务导向、产品导向和整体模式。有些零售商可以运用不止一种方法。下文的研究案例中，有一个顶级零售商同时运用了 4 种方法。

传统的促销导向探索

促销导向探索是零售商最常使用的方法，如果促销力度很大，效果会非常明显。除了加大促销力度，还要有出色的视觉营销，才能吸引顾客。这种方式的关键点如下：

- 促销方式有创意。
- 促销单品多。
- 主打单品价格低。
- 零售形式能促使顾客定期回购。
- 展示设置吸睛，产品好。
- 店内布局包含很多热点区域。
- 有计划地引导顾客在热点区域间流动。

英国乐购

乐购是促销导向探索的样本，你可以观察、学习它是如何选品、陈列和推广的。21 世纪初期，乐购曾经陷入困境，但是其促销活动一如既往，令人惊叹。

德国阿尔迪

阿尔迪使用了一种高明的技巧。它让顾客觉得整个门店有很多优惠。但是，阿尔迪给人的感觉并不仅仅是便宜。其物流、分拣、采购都十分高效，而且门店的数量、装修和人力成本都相当精简，产品质量却很好，甚至相当好。你会看到许多中产家庭在牛排区扫货，这就是很好的证明。阿尔迪每星期都会提供不同的特价商品：这星期是高品质的自行车骑行装备，下星期是园艺用品，等等。它通过这种方式来增加探索元素，而且运用得十分娴熟。顾客隔一段时间去一次，会发现一些新奇的东西，并且价格相当划算。我在2013年花5英镑买了一个雪铲，此后却没见过牛津下一片雪花。这种因为价格太划算而忍不住购入不常用物品的行为都是拜阿尔迪所赐啊！

美国劳氏公司

劳氏公司一直以来都很擅长促销。将它归类为促销导向探索，是因为它给每个产品的主要部件都明码标价。以铺木地板为例，3米长的木地板售价只有几美元，相当于白送。来买其他东西的顾客看到这个价格后，就会只按照木地板的价格在心里默默地算一笔账。这样一算，就会感觉铺木地板也花不了多少钱。但是，真正的全部花费还包括包边、运输、安装和抛光的费用。然而，这时顾客想不到那么多，甚至已经憧憬在铺好的地板上享受夏日烧烤了。

服务导向探索

所有的员工都很了不起。他们会聆听你讲述公司的事业和产品。他们也能通过向顾客提供真诚的建议、合理的推荐和优质的售后服务，来充分体现探索的元素。我在有关团队的第8章中讲述了达到这种效果的关键因素。你采取这些办法后，顾客会因此爱上你，掏出钱包买你的产品。这种方式的关键点如下。

- 让每一位员工都清楚地知道，自己的行为会如何直接影响顾客。
- 要对团队讲清楚你放心地将顾客交给他们，而且你的首要任务就是让顾客和员工都满意。
- 制定和宣讲易于理解的公司蓝图，并以此为决策的依据。

- 尊重员工。
- 为员工提供丰富的培训课程。
- 能让员工亲自体验销售的产品，给他们发放福利或者以较低的折扣出售产品给他们，允许他们贷款购买店内高价值的东西。
- 让员工了解整个供应链，清楚这些产品是如何生产的。这会激发他们对产品的热情，更重要的是，有助于他们了解产品的特点。
- 以顾客满意度为导向调整奖励体系，不要以业绩为导向。制定一套嘉奖体系，每次看见员工为顾客提供额外帮助，就给予其嘉许。
- 高度重视知识，同时也鼓励员工保持开放的思想，让他们明白每位顾客都有不同的需求。
- 强调聆听顾客需求的重要性，要让顾客知道他的需求对我们很重要，而不是告诉他，这个需求合情合理。

美国集装箱商店

集装箱商店的探索元素非常丰富。它向员工提供了非常到位的培训和丰富的工作内容。它全力打造一支稳定的、关注顾客的团队，所以业绩蒸蒸日上，受到顾客的极力追捧。它是我喜欢的零售商之一。它每年为员工提供培训的时间平均达到了 210 小时，而且给员工极低的内购折扣，连续十多年位列《财富》杂志（*Fortune*）评选的美国“最佳雇主 100 强”。

美国 Enjoy 网站

Enjoy 网站是罗恩・约翰逊（苹果零售店之父）离开苹果公司后的杰作。此前他在杰西潘尼（JC Penny）有过糟糕的经历。Enjoy 网站是电子产品零售领域近十年来出现的第一种新业态。它做出价格承诺，而且展示真实的工作场景。它还提供到家配送服务，并且由专业人员安装，同时，耐心地聆听顾客买产品的目的，向顾客演示使用方法。其探索元素体现在售后（媒体有时也称为预售）过程中，顾客哪怕只在 Enjoy 买一部手机、一个路由器或一架相机，也会感到十分放心和满意。它的员工都是形象不错的年轻人，就像苹果零售店的店员那样彬彬有礼：受过良好的服务培训，态度友好，知识丰富，能够让顾客高兴。

英国约翰 – 路易斯合伙公司

约翰 – 路易斯合伙公司就是诚信、品质和贴心的代名词。顾客慕名前来，是因为他们确信店员会提供建议，帮助他们买到合适的产品。有的零售商对员工十分苛刻，店员就不会以热情的态度服务顾客。但是约翰 – 路易斯合伙公司向顾客证明，无须如此。尤其在销售昂贵电器的过程中，特别能体现这一点。不管是在线上还是在线下，顾客都非常乐意接受约翰 – 路易斯合伙公司的建议。

产品导向探索

产品导向探索突出的是产品，重点体现在新颖、时尚、流行、设计独特的风格方面。这种类型的店铺在采购、营销和上新方面非常出色。除此之外，店员还能透彻地理解设计的理念和力量，从而准确把握目标顾客群体的审美倾向，这一点至关重要。在这个细分市场中，诞生了很多独立门店，产品售价很高，但大部分店铺最终倒闭了。它们之所以失败，是因为店主错误地认为自己的喜好就是顾客的需求。不过，这种方法只要运用得当，就能收到不可思议的成效。出色的时尚家居店就是产品导向探索类店铺的范例。这种方式的关键点如下：

- 精选品类，不要为了丰富品类而增加品类。
- 取决于采购团队能否以合理的价格采购独特的产品。
- 视觉营销团队要通过创意性陈列展示产品。

- 研究你能接触到的所有时兴产品的行业信息。
- 密切观察竞争对手的动态。
- 和到店的每位顾客交流，正式与非正式的方式都可以，你必须和顾客交流，获得持续的反馈。
- 询问顾客对一些时兴事物的看法，鼓励他们对产品和运营提出建议。
- 确保有足够的空间陈列主打产品，充分展示产品的特色。
- 下架业绩欠佳的产品线，如果不能做到，至少要改变重点。
- 不断增加新品，但是也要重视原有的业绩出色的产品线。
- 不要只是空谈自己的品位，而要努力去展示这种品位。

英国 Objects of Use

这个仅有一家门店的零售商是新零售的典型代表。它专业化的团队将时尚的艺术感与商业直觉融合在一起，获得了杰出的成就。它的蓝图就是以产品探索为基础。卡罗琳·韦弗神奇的铅笔店、芝加哥古怪的艺术和音乐商店 Transistor 以及伦敦东区炫酷的五金日杂店 Labour and Wait，都是采用这种模式。*Time Out* 杂志将 Transistor 描述为“闺蜜的公寓”。

Objects of Use 的蓝图是“提供耐用而实用的家庭用具”。“耐用”和“实用”这两个词很重要，意味着品类都经过精挑细选、做工精致、结实耐用，也非常实用。因此，店里的产品种类丰富、陈列美观、描述精彩，其做工和质量远胜于一般的产品。因为产品具有上佳的工艺和质量，所以无论是自用还是送人，都是不错的选择，顾客从此开启了他们的探索之旅。

Objects of Use 的门店总是人潮涌动，收银线没有一刻停歇。上文的这几家零售商都开设了网店，业绩也很不错。销售人员对产品充满了热爱和赞美之情，他们喜欢自己销售的产品。对他们来说，网店不是独立的部门，而是整体事业的一个自然组成部分，他们与之一起成长。Objects of Use 也销售传奇的 Palomino 黑翼铅笔，这没什么可惊奇的。

英国 ASOS

ASOS 于 2000 年开业，全名是“As Seen On Screen”。它的蓝图是销售明星艺人在某个场合穿的服饰。其业务发展迅速超出了原先设定的领域。它非常擅长捕捉当下的热点，更擅长理解和销售当下流行的时尚服饰。对时尚敏锐的直觉以及锁定 16 ~ 34 岁的客户群体，这两点推动了产品导向探索模式的形成，顾客因此频频光顾。

西班牙 Zara

Zara 的成功建立在高效的供应链之上。它能够每星期上新两次，这个效率让人惊叹！这为产品导向探索提供了坚实的基础。它的物流效率在时尚零售行业无人能及，一件产品从设计到进店销售的过程短得令人难以置信，其他商家只能望其项背。显然，顾客喜欢它这种“快时尚”的风格。

美国沃比帕克

虽然沃比帕克（Warby Parker）的蓝图是销售更便宜的眼镜，但是在品质和设计上没有丝毫懈怠，对款式的追求几乎达到了痴迷的程度。实体连锁店内的视觉设计十分高雅，内部装潢就像邦德大街或者第五大道上的那些奢侈品店一样。大多数人配的第一副眼镜奇丑无比，那时如果谁在学校提出开办一家自有品牌的眼镜店，就会引起无尽的嘲笑。但沃比帕克的眼镜既便宜又漂亮，而且还很潮。一款常见的产品完成了华丽的转变，产生了不同寻常的销量，获得了相当可观的利润。

沃比帕克是这样描述它的米尔顿镜架的：“每一副都是用轻质日本钛金精

致打造，由优质醋酸纤维素涂层包裹，并在意大利纯手工制作！”“精致”“包裹”“手工制作”，这些词听起来像是一家高级餐厅对菜品的描述。这道“菜”的配料就是日本钛金和优质醋酸纤维素。但是，无论产自哪里的钛金都一样，醋酸纤维素其实是一种人造塑料。这副镜架在沃比帕克的售价，不及一个设计师品牌同样产品售价的一半。这是一种产品导向探索的杰出模式。

整体模式探索

很多零售商都以探索和引导探索为基础，建立了整体蓝图和模式。在这些门店中，你会发现到处都是手写的产品推荐语。你能从这些文字中获得有用的信息，和产品联系在一起。店内的各种陈设确保你能了解产品的特性，了解你自己的感觉，了解这些产品对你的健康、幸福或生活方式产生多大的益处。这些话听起来有点像“广告人”写的宣传语。需要注意，为了有说服力，整体模式必须真诚、可信和真实。整体模式探索只有结合服务导向探索才能发挥作用，这一点也很重要。整体模式探索包括如下策略：

- 撰写真实的品牌宣传词。
- 以价值观为依据，让宣传词能恰当体现蓝图和任务。
- 利用产品、包装袋、货架边缘的空白处，在更衣室里、产品包装箱上、墙壁上、收银机上张贴有趣的文案，在购物过程中始终与顾客交流。
- 向顾客提供真诚的产品建议。
- 大力宣传优质的产品，充满热情地向顾客解释产品的特点。
- 不断变换陈列。
- 与顾客互动，推荐产品。
- 重视产品在顾客中的口碑。
- 时刻牢记，交流才是最重要的。
- 充分利用季节性和重大事件来促进产品销售。

美国 Story

Story 的门店位于曼哈顿岛腹地的艺术中心区切尔西。它绝对是整体模式探索的终极案例。其店内的装修风格每 3 至 8 个星期更换一次，每次的故事主题不同。这次的故事以幸福为主题，下一次就可能由雷克萨斯赞助，以汽车为主题，体现高科技的探索元素。这个只有 200 平方米的门店吸引了大批顾客前来，因为他们能发现很多新东西。每个主题活动时间有限，加之产品新颖独特，契合当前主题，让人蠢蠢欲动。Story 用概念和产品对品牌进行了不同的诠释。美国全国广播公司财经频道（CNBC）在一篇报道中指出，品牌商赞助 Story 的最低费用高达 40 万美元，但品牌商都想借助 Story 的这阵东风。

Story 在 5 年中讲述了 28 个不同的故事，举办了 400 场活动，展示了 3 000 个品牌。其模式本身就是持续变化的探索和内容管理，让 Story 变得令人兴奋和激动。在摩擦 / 奖励等式中，Story 的奖励项高得不可思议。

苹果零售店

苹果零售店的标志性特点就是产品探索。非苹果产品使用者会发现苹果的产品能更好地满足他们的需求；苹果产品的忠实用户则会发现苹果关心他们的群体。这就是建立苹果零售店的基础理念。所以，苹果按照现在的方式，真实地展示每一款产品，让顾客能够触摸、把玩、探索产品的新功能，从中获得乐趣。店里的零售团队都经过严格培训，都是专业的产品顾问，可以随时向顾客提供建议和解决方案。苹果零售店刚开业的时候，我就在思考，它最终会不会成为需要苹果公司持续大量补贴的品牌形象店，不会产生什么利润。但结果正好相反，它的利润高得惊人，而且成了一个充满乐趣的探索乐园，新老用户都在这里流连忘返。

英国 Pret a Manger

这家三明治专卖店通过各种途径真诚地与顾客交流。这种做法在零售业独一无二。如果你正坐在店里的不锈钢吧台前读这本书，就会发现眼前的咖啡杯上有几行文字，描述了这杯咖啡的口感有多棒。杯子上的文案也会体现这家店是如何帮助种植咖啡豆的人的。如果用店里的餐巾纸轻拭嘴角，就会发现餐巾纸是由可回收的纤维制成的，未经漂白，品质极佳。

Pret a Manger 通过这种方式与顾客交流，效果十分明显。它还帮助顾客选择喜爱的午餐，以满足更高的感官需求。很多研究结果证明，我们的味觉会受到关联信息的影响。告诉某个人，这个三明治很新鲜，他会觉得这个三明治很好吃，更可能去享用这个三明治。你可以把这种方法应用到零售过程中。我们通常都不擅长如此直接地与顾客交流感受。

美国 Urban Outfitters

我之所以把大多数时装零售商都归类为产品导向探索，却把 Urban Outfitters 归于整体模式探索，是因为它以一种极富创意的方式来布置陈列，不仅有非服饰的品类，也不乏知名品牌系列。Urban Outfitters 的陈列都是混搭的，桌子、货架和横杆可以随意组合、移动，重新陈列。因此，店员可以不断调整布局，展示不同的款式，不会因为展示新品而导致其他款式滞销。

Stew Leonards：成为真正的乐趣

2007 年，我第一次开长途车，从新罕布什尔州的温尼珀索基湖出发，经过丹伯里，前往曼哈顿岛最东部的纽约州。我们在倾盆大雨中驾驶了几小时，抵达丹伯里的 Stew Leonards 门店时已经是晚上了，感觉疲惫不堪。我一直期盼着能到店里看看，但是那天晚上我和搭档都是又累又饿，心情很糟糕，去

Stew Leonards 纯粹是为了工作。我们在店里转了一个半小时，便乘车离开了。我们从来没有感受过如此充满乐趣和活力的氛围，深受震撼。

Stew Leonards 的店里经常是熙熙攘攘的。Stew Leonards 只有 4 家连锁店，第 5 家正在筹备中，这 5 家店都位于美国东北部的城市，年销售总额达到了 4 亿美元。其坪效（每平方英尺）高达 5 000 多美元，人均年产出大约为 18 万美元。这是一组令人惊叹、不可思议的数字。

说了这么多，Stew Leonards 是一家什么样的店？它是一家家族式乳品店，销售的乳品和相关产品种类达到了 2 200 多种，80% 的产品都是新鲜制作的，每星期服务的顾客达到了 13 万人次。

Stew Leonards 获得如此辉煌的业绩，其核心就是探索。它的整体模式就是围绕探索和展示来打造的：产品琳琅满目，令人应接不暇；单通道围绕着各个柜台，引导顾客走遍店里的各个角落；促销活动丰富多样。他们宣称店里的牛奶是北美最新鲜的，全都来源于自家饲养的奶牛。你可以通过网络摄像头，实时观看饲养员在牧场挤奶的过程。促销导向探索、产品导向探索、服务导向探索都在 Stew Leonards 表现得十分突出。Stew Leonards 重视员工，并获得了员工的高度评价。它经常位列《财富》杂志评选的年度美国“最佳雇主 100 强”榜单。

顾客是上帝，但是只有员工把顾客当作上帝，他们才是上帝。店内张贴着一句口号：“员工开心地工作，顾客才能开心地购物。”这句口号不是空话，管理团队正以此履行自己的职责。

Stew Leonards 会仔细指导每位员工如何最好地满足顾客

的需求，他们确实把顾客当作自己的顾客。如果某位员工认为做一件事情对某位顾客有利，他们就会立刻去做。如果他们认为做某件事对大多数顾客都有利，就会向公司提出建议，立刻采取行动。老板小斯图・伦纳德（Stew Leonard Junior）向我讲述了一个有趣的故事："我打开店里的一块金枪鱼三明治，一包蛋黄酱掉了出来。我认为三明治里配的蛋黄酱已经足够了，所以就把门店经理比尔・霍利斯叫过来，告诉他：'以后不要多放蛋黄酱了，很贵的。'第二个星期，我打开了一块三明治，又掉出来一包蛋黄酱。我又把比尔叫过来，他说：'你应该去问玛丽・埃克斯特兰，是她做的三明治。'我把玛丽叫过来，她说：'抱歉，老板，顾客想要额外的蛋黄酱，所以我就多放了一包。'你知道我是什么反应吗？我说：'做得很棒，玛丽。'"

伦纳德用"STEW"完美地表达了他的风格：让顾客满意，团队协作，追求卓越，制造惊喜。STEW 是 Satisfy（满意）、Team（团队）、Excellence（卓越）、Wow（哇）首字母的缩写，也正好是他的名字。

"惊喜"是所有探索模式的基本原则。顾客感到惊喜意味着找到了满足自己需求状态的产品。《纽约时报》称赞伦纳德的团队创造了"乳品界的迪士尼乐园"。一只机器狗弹着班卓琴唱歌，一个奶牛模型旁边放着电子动画牛奶盒，它不停地摇摆，小孩子一拉它的铃铛，它就会讲笑话。员工穿着奶牛、鸭子、小鸡和香蕉造型的卡通服装在过道里走，向顾客发放免费的冰激凌和氦气球。他们穿上搞笑的服装，不是因为管理者要求，而是他们自发决定用这种方式来促销，用自己的钱购买道具服装。店里的试吃品随处可见，员工真诚地微笑着邀请顾客品尝。除此之外，还布置了爱宠乐园、户外烧烤、沙滩烤串、咖啡角，以及“会唱歌”的西兰花和胡萝卜。顾客不是为了只买一盒牛奶前来，而是冲着这种体验来的。这是一种以探索为基础的体验。

逛完这家店，你可能觉得它就是把各种东西聚集到一起而已，但事实并非如此，这是一个人性化的地方。每个星期 13 万人次的顾客前来光顾，顾客不仅喜欢这里的产品，更喜欢这里的氛围。Stew Leonards 人性化的体验，给他们带来了美好的感觉。它的成功并不是凭借某个人的奉献、构思和视野，而是得益于这个积极进取、充满激情的团队。他们是一个零售大家庭。

如何成为顶级零售商 Smart Retail

当下的行动

- 从目前的模式中，找出启发顾客与产品互动的 5 件事。这些事情是随机的吗？是否有一种模式能够说明你促成了互动的产生？
- 分析你现在处于何种探索模式：产品导向、促销导向、服务导向，还是整体模式？
- 认真回顾以上问题的答案，并且分析是不是符合你的蓝图。
- 仔细分析如何利用“关键点清单”来衡量自己的公司属于哪一种探索类型。
- 找到其中 3 个关键点，提高在这些方面的表现。

长远的战略

- 目前的探索类型符合现行的经营策略吗？
- 如何进行结构性调整，更好地向顾客传达探索元素？

Smart Retail winning ideas and strategies from the most successful retailers in the world

第 5 章

策略 5，

别给顾客选择，
给顾客故事

我们以故事的形式进行思考，这是我们感知世界的方式。零售商要会讲故事，要以表达利益和解决问题为中心来讲这个故事。我们应该这么做，是因为故事比事实，甚至比思想更能深入人心。

本章探讨要点

- 通过内容管理促进消费
- 选择的谬误
- 故事性销售，我们如何在故事中思考，它为什么很重要

内容管理的含义

内容管理就是积极推荐的过程，既包括推荐行业内的产品，也包括推荐自己的产品。既可以是从整体上有针对性地选品（即产品都表达特定的主题，或者都符合自己设定的标准），也可以是展示已有的品类，也就是说，同一个类别下可能有 20 种款式，但只按照统称展示其中的 3 款。

然而，人们目前有点误解了“内容管理”的含义，将其理解为一种跟风的创客文化的弊病，一些人喊道：“内容管理？不，你说的是筛选。”但这完全是两码事。内容管理是缩减选择的过程，让选择更加容易，只和少数品类相关；筛选则是浏览所有可能的选项。

选择和内容管理

从表面上看，内容管理似乎是顾客最不在乎的事情。如果你询问顾客，他们是否想要有“选择”，他们会说“要”，因为“选择”已经变成了“自由”的同义词。如果你分析零售业中普遍听到的不满，就会发现“需要更丰富的产品”这个诉求可能位居前列。

所以，零售企业的 CEO 和董事长将“扩充品类”作为 KPI 写进发展战略里。他们会在年度工作报告中写道：“顾客选择的品类增加了 10%，目前的品类是有史以来最丰富的。”

但是，仔细分析你会发现，顾客实际上是在抱怨难以找到能满足自己特定需求的东西。他们说“给我们更多选择”的时候，就是在说“我找不到合适的东西”。他们也受到了厌恶风险心理的影响。在一堆差别不大的东西中做出选择，与在品类有限但各不相同的东西中做出选择，后者显然更加让人满意。因为许多类似的产品并不能切实满足我们的需求，无论购买哪一种，心里总会不断纠结另外几种是不是更好。

极少数零售商能恰当地精选品类，这才是问题的解决办法。他们提供了尽可能多的品类，但总是挑选最有可能售出的产品优先推荐。这就好比你去了西雅图的亚马逊门店，你可以购买任何一本书，但是更有可能购买位于你眼前的店家推荐的那些书。

让顾客别无选择

较少的选择比较多的选择更好，但是无论通过什么样的方式展示产品，必须精心地进行内容管理，在形式上有所关联，这是最基本的。比如，将三明治、饮料和薯片组成套餐，统一称作“午餐”，多么有故事性效果。在这方面最有创意的，就是第 4 章中提到的 Story，其新品都符合内容管理的故事主题。

十多年来，零售业一直奉行“多就是好”的观念，他们认为顾客希望有尽可能多的选择。选择更多就意味着销售机会更多，销售机会更多就意味着顾客更多，这种观念存在明显的逻辑漏洞。当你的经营策略以产品为先（产品最重要，所以产品越多就越好）时，这种逻辑会让你陷入两难的境地，但是那些以顾客为先的零售商发现，顾客在面对这些选择时，到底需要什么在很大程度上与特定情形下的需求状态有关。

更确切地说，“选择”与我们天生厌恶风险的心理有密切的关系。通过精选品类扩大选择范围，每个选择的可见利益各不相同，顾客在这种情况下是最容易产生消费的。面对 5 种颜色深浅不一的灰色 T 恤，选择就有点困难；而面对 5 种图案和颜色都不相同的 T 恤，选择就比较容易。灰色 T 恤不管是浅灰还是深灰，几乎没什么差别，你心里就会嘀咕，应该还有更好的选择。在一件印有“Happy”字样的红色 T 恤和一件两面颜色与字样都不相同的 T 恤之间选择，比在 5 件灰色的 T 恤中选择明显更加容易。后面还会讲到很多有关选择的事情，但是将聚焦选择作为内容管理的根本是最基本的。

果酱实验

大约 20 年前的一项著名的果酱实验，深刻揭示了精选和差别不大的选择之间不同的价值。心理学家希娜·艾扬格（Sheena Iyengar）和马克·莱珀（Mark Lepper），在加利福尼亚州门洛帕克的一家超市进行了实验。第一个星期六，他们在超市外摆了一张桌子，桌子上展示了 24 种口味的果酱；第二个星期六，他们展示了 6 种口味的果酱。这些果酱都是 Wilkin&Sons 生产的，后来有人在调查报告中将它称为“全英国的果酱供应商”。

每位试吃果酱的顾客都会得到一张价值 1 美元的代金券，可以在 Wilkin&Sons 的门店抵用。他们跟踪调查了代金券的使用情况，对比了总客流和参加试吃的顾客的情况。

展示 24 种口味的果酱的那天，高达 60% 的人试吃了果酱。展示 6 种口味果酱的那天，只有 40% 的人试吃了果酱。但是，后续的消费行为揭示了令人震惊的现象：

- 试吃 24 种口味的人中，有 3% 的人使用了代金券。
- 试吃 6 种口味的人中，使用代金券的人高达 30%。

我们将试吃人数设定为 100 来计算一下。

- 24 种口味：60 人试吃了果酱，后来只有两个人购买。
- 6 种口味：40 人试吃了果酱，后来有 12 个人购买。

展示的品种多，吸引了更多的人关注，相当于在售前制造气氛；但是，精选的少量品种，产生了更多的销售量，这是为什么？区别显而易见：大多数试吃 24 种口味果酱的顾客，离开时会觉得 Wilkin&Sons 的果酱没什么特别之处；大多数试吃 6 种口味果酱的顾客，离开时会明显感觉到草莓味、蓝莓味或者其他口味果酱之间的不同之处。

这些顾客能区分不同的口味，从而确定购买意向，因为 6 种口味比 24 种口味更好记。他们对这 6 种口味已经有了预判，比如，“我更喜欢草莓味，不太喜欢蓝莓味”。如果他们正好本来就打算买果酱，那么就会十分清楚每种果酱的不同之处。结果，他们就会从笼统的喜欢，变成明确知道自己需要哪种口味。

在一个类似的商业测试中，瑞典超市巨头 ICA 将收银线上的口香糖种类从 30 种减少到 5 种，结果销量上升了。他们认为，销量增长是因为顾客看到这 5 种不同的口香糖后，心理的需求状态从以前的“我需要口香糖吗”变成了“我更喜欢哪种口香糖”。

找到平衡点

一般的选择存在一个平衡点。我们通过研究发现，便利店销售零食和软饮料会降低总体销量，拉低顾客满意度。假设某个人第一次兴致勃勃地走进一家加油站里的零售店，他眼前有 200 种不同的软饮料和各种各样的零食，零食中间还有几包 m&m's 巧克力，他着急忙慌地翻了半天，就是找不到沙士（以黄樟油、水杨酸甲酯为香料的无醇饮料），这种情况确实令人抓狂。

但是，这绝对不是一种线性关系。如果精简零食和软饮料品类，那么选择的多样性就会被破坏。而如果选择太多，没有重点，顾客就会犹豫，不知所措。有些顾客没有充裕的时间去挑选；有的顾客会选择自己平常购买的产品；其余的顾客就完全不知道选哪一个。他们只是不清楚哪一个选择能适合自己当下的需求，对这部分顾客来说，增加选择就是增加摩擦，奖励水平却保持不变。

要找到选择的平衡点，就需要根据直觉进行测试，然后调整，再测试。这对于提高视觉营销效果和优化选择过程同样重要。例如，产品陈列没有重点、千篇一律，顾客就会很受挫。你肯定清楚哪些属于畅销品，所以不要只把这些产品陈列在视平线上，而要将它们陈列在入口处、陈列区、收银线、午餐区等处，陈列方法也要有所不同。例如：将次优品与畅销品毗邻陈列，通过促销讲一个故事；压缩排面，从视觉和品牌形象上进行区分；等等。

顶级零售商的策略 Smart Retail

丝芙兰：精致优选

丝芙兰（Sephora）的门店处处都有很棒的内容管理案例，它的视觉营销颇具创意。最独特的就是“丝芙兰最爱”专区。这个区域陈列着热销的品类，每个品类下只优选了几个畅销、热销、顾客喜爱的单品。这些热销品陈列面积很大，但是每个品类下只有 4 种不同的单品。

有一个例子是展示化妆打底过程，标牌上注明了打底的 4 个步骤。每个步骤的标牌下面都有 4 款流行的产品，各自排成一列。每款产品都可以试用，旁边还放了一个展示牌，注明了这款产品的上榜理由。展示牌后面就是成品，看起来很高级，方便拿取。这种陈列方式会让你驻足浏览。店里的布局设计让挑选和交流变成了一个非常自然的过程，店员很容易看到顾客挑选了哪一款产品。丝芙兰就这样精简了品类，让顾客选择的过程变得更加容易、奖励更高、摩擦更低。

丝芙兰销售的产品种类也很丰富，既有一个单品的多种款式，比如唇膏；也有功效相同的不同系列产品，比如补水面膜。这种品牌混搭的方式应该是经过内容管理的，向顾客展示各个产品的不同之处。

丝芙兰在线上使用的内容管理工具也丰富多样。顾客进入首页后，"编辑精选"几个字就会出现在眼前，"编辑"是极有影响力的词，立刻就让人想到了内容管理和编辑独立的建议。"美力板"这个版块设计得很巧妙，顾客可以上传自己的妆容，浏览器会自动处理图片，罗列出所有需要的产品，接着旁边跳出"立刻购买"的按钮。

丝芙兰通过内容管理积极地向顾客提供建议，从而促进顾客消费。丝芙兰的顾客也乐于光顾，无论是到店还是访问网站，她们总能轻松地获得灵感，找到满足自己需求的产品。丝芙兰让顾客的消费过程变得更简单，为顾客提供了方便。

顾客需要更多的选择

2015 年，《每日电讯报》(*The Daily Telegraph*) 刊登了一则有关未来零售业的文章——《网络购物发展了 20 年，未来的消费选择为何会变得更少，而不是更多》。这篇文章列举了详细的研究结果，提出了一些非常有趣的零售观点，结论是：网络零售会持续增长，同时将越来越专注于个人及其自身需求和消费过程。

从标题来看，这篇文章的观点是：大量的选择是好的，有限的选择是不好的，而且顾客想要更多的选择，所以任何减少选择的行为都是错误的，较少的选择等于顾客沮丧的表情。实际上，这篇文章的作者认为，有限选择在网络购物中没问题，因为这是有益的权衡，选择越少似乎就更容易聚焦。

事实上，顾客从来都没有想要大量的选择。选择是费力的过程，它需要顾客不断地去分类和筛选。零售商让顾客耗费精力去挑选一样东西，就是忽视他们的根本工作，那就是：让顾客更容易地消费。你可以把这句话当作零售格言。零售商应该对顾客承诺：我会让你们更容易地消费。

但是，顾客洞察经理（customer insight managers）和市场调研人员会争辩："我们每次询问顾客的时候，他们都告诉我们，他们需要更多的选择。"顾客当然会说需要更多的选择。假如列一张清单，罗列出顾客看中的东西，在后面写上"要"与"不要"，他们总是会勾选"要"。没有人会同意减少选择，因为我们早已将"选择"和"自由"当作同义词了。谁要是放弃可以选择的"选择"，大概是疯了吧。

10 多年前，巴里·施瓦兹（Barry Schwartz）写了一本书——《选择的悖论》（*The Paradox of Choice*）①，其中就揭示了选择和快乐之间的消极关系。这本书现在依然是该领域的经典之作，值得一读。

① 《选择的悖论》简体中文版已由湛庐文化策划、浙江人民出版社出版。——编者注

顾客不知道自己不喜欢选择

你压根就不应该询问顾客有关选择的问题，因为不管你问什么，顾客都会根据自己对选择的错误认知，按照你提问的方式，给出完全带有偏见的答案。顾客基本不会同意缩减选择，但实际上，他们渴望的正是缩减选择。宜家、阿尔迪和 ASOS 都是典型的代表，其品类都是经过内容管理的（按功能和设计分类，注重价格、实用性和款式）。

亚马逊也是其中之一，它表面上看起来无所不有，但这只是假象。许多顾客发现，按照商品分类浏览寻找心仪的东西时，会十分迷茫。但亚马逊不是如此，亚马逊的内容管理、启发和探索都是通过广告、顾客评论、品牌营销和口碑来完成的。亚马逊的模式和经营战略完全是反内容管理的，实际上，它却依靠内容管理产生业绩。

奈飞公司（Netflix）也是出色的内容管理零售商，很多人甚至不认为它是零售商。它拥有庞大的影视剧片库，没有标准的客户端数据库。会员基本是根据量身推荐的信息体验探索过程获得启发。所以，奈飞公司不像鲍德斯那样按照首字母将所有影片排序，也不像 HMV 那样在“外国影片”这个大类下罗列 500 部影片。会员可能会在图标名称为“古怪喜剧”的分类下看到 30 部影片，或者会看到标题为“因为你看过《费城总是艳阳天》（*It's Always Sunny in Philadelphia*）”的栏目下推荐的 30 部影片。

推荐对奈飞公司的成功至关重要，它深刻地意识到，独立的开发者能优化公司现行的推荐算法。公司为此专门设立了百万美元的“奈飞公司大奖”，这说明它多么重视推荐，也就是重视内容管理。当然，奈飞公司没有止步于此，它还将使用大奖获得者的算法，进一步优化推荐算法。

网格列表

我们来分析一个案例，看看零售过程中传统的选择方式是什么样的。2016 年 5 月，我访问了其乐（Clarks）英国公司的网站，选择“男鞋 / 智能鞋”（这是一种常规的搜索方式），看到了网格形式的结果列表，展示了 74 双鞋子，每双鞋都配有图片和尺码。更确切地说，我看到的是带图片的电子表格，没有任何细节说明。其乐和其他许多零售商一样，都希望顾客去浏览细节，但这种展示方式对于顾客来说就变成了烦恼。我又选择了“男鞋 / 休闲鞋”，结果是 188 双！展示方式一模一样！

公平地说，其乐网站的主页确实在一定程度上体现了优秀的内容管理，公司在博客和社交媒体上投入了很大精力。虽然主页有了明确突出的内容，但是顾客仍需要主动选择。顾客得先挨个儿点击浏览，这样做还是不太方便。零售网站的常用方法就是这种网格列表。

顾客抱怨选择少，可能是在抱怨缺少探索

Qubit.com 运营着非常庞大而可靠的数据库系统，用来研究顾客对网上零售商的抱怨。2015 年，它发布了最新的研究报告，其中包含了 120 万个数据点。顾客抱怨最多的就是品类太少，从表面上看，这说明顾客想要看到更丰富的品类和更多的选择。深入分析抱怨的类型后，结果开始变得清晰，顾客真正抱怨的是零售商让选择没有意义。其背后的逻辑是：“如果我找不到需要的东西，那么你不是就要给我提供更多的东西吗？”

Qubit.com 提供了 3 个具有代表性的例子：“再增加一些凉鞋和帆布鞋”；“在一个类目下展示所有东西，或者在一个页面上选择更多东西”；“再增加一些品牌”。

这些情况绝对不是在抱怨选择有限，而是抱怨找不到能满足自己需求状态的东西。尤其是第 2 种情形，顾客热切地恳求零售商将尽可能多的东西放在一个页面上，这样他们或许真能找到自己需要的东西。

当顾客决意（尤其是在网上）寻找某个品牌或产品时，选择和存货就可能出现冲突。在很多情况下，有一些品牌和系列是零售商必须要备货的，因为它们都属于常规产品，是可以预知的。这些产品的销量能达到多少，取决于零售商在顾客心目中的地位：是价格有优势，还是物流更快，等等。所以，要采取双重策略：首先，必须包含这些常规品类；其次，通过内容管理来刺激大多数顾客，也就是渴望冲动消费和寻找能满足特定需求状态的产品的顾客。

“未经筛选”已经脱离了时代

这种情况也不只是发生在网上，在实体门店我们发现了毫无过滤的选择。英国音像制品零售商 HMV 和游戏零售商 GAME，将门店当作凌乱的实体数据库。随着数字媒体和社交分享让搜索歌曲、游戏和影片更容易，在门店的货架中来回穿梭就失去了吸引力。

英国音乐零售商 Rough Trade 正好与之相反，他们将启发、探索和内容管理的方法运用得非常成功，这个团队现在拥有纽约最大的唱片店。他们的成功似乎和主流趋势背道而驰，顾客前往唱片店的理由你绝对想不到，用一位顾客的话说就是：“去 Rough Trades 就是在冒险，因为太容易花钱了。”

“太容易花钱了。”这条零售业格言在 Rough Trade 实现了。Rough Trade 敢于告诉顾客应该喜欢什么，并积极地进行推荐。它会通过订阅服务，向顾客推送一系列经过挑选的产品。这项服务广受欢迎。

图书零售业看起来一直都是不温不火，但是俄罗斯莫斯科的 Respublica 连锁书店的表现却让人惊艳，在行业中掀起了一阵新的浪潮。它将图书与音乐、影片、礼品和纪念品巧妙地陈列在一起，搭配销售。这些东西好像突然出现在顾客眼前，乞求被带走。每本书都会受到重视，店里很少采用传统的陈列方式，多以促销展台的形式陈列。每样东西都有足够的展示空间，供顾客观察、翻阅、欣赏和体验。到了晚上和周末，店里的咖啡吧开始营业，还有 DJ 表演，但是它们搭配得恰到好处，浑然一体。

Respublica 连锁书店的网站（www.respublica.ru）也是根据内容管理和毗邻陈列的原则搭建的，做得相当出色。Rough Trade 和 Respublica 连锁书店就像过去那些老牌的零售商，你如果想去它们那里消费，完全可以放心，而且肯定会发现一些很棒的东西值得带回家。

没有对比就没有差别。玛莎百货（Marks & Spencer）陷入了一种“多而全”的困境，ASOS 则采用了“少而精”的营销策略，而且充分地利用了社交媒体，获得了巨大成功；乐购奉行“面面俱到”的经营理念；阿尔迪侧重于降低成本和提升效率。不要认为顾客只是因为阿尔迪的东西便宜才喜爱它，德国人注重品质、务实，而且产品价格低廉，这才是我们钟爱它的原因。

风险和奖励

做缩减品类的决定是需要勇气的。CEO 或者业务主管如果选择缩减品类，就会担心自己是在冒险。从某种程度上来说，这确实是在冒险。内容管理比随意分类要难；探索营销比一般的视觉营销要难；启发要求在积极互动中融入创意。为了消除这种担心，我们通常不仅要确保产品品类丰富、选择多样，基本是“面面俱到”，而且还要能在年度总结报告中明确提出：“我们今年改善了品类和物流管理，为顾客提供了迄今最多的选择。”

不会有人因为提供了“最多最全的选择”而遭解雇，但也不是没有可能。因为凌乱的选择反而会变成障碍，这是一种没有效率的零售。

相信你的选择

最能体现内容管理的研究案例就是会员零售，会员会定期收到某种类型的产品推荐。有的商家会根据顾客提供的信息定制；有些用户驱动型的商家会借助偏好或选择工具，选择顾客偏爱的产品；有的商家会将同样的产品发送给所有顾客。

在这 3 种类型中，内容管理都起到了重要的作用。无论顾客是否会进一步缩减选择，其品类都经过了精心挑选，符合该品牌的价值观和定位。下面列举优秀的会员零售案例，以供参考。

- 英国 Pact Coffee：手工咖啡，www.pactcoffee.com。
- 美国 Stitch Fix：时装，www.stitchfix.com。
- 美国 Dollar Shave Club：剃须刀和刀片，www.dollarshaveclub.com。
- 美国 Birchbox：化妆品，www.birchbox.com。
- 美国 Field Notes Colors：复古笔记本，fieldnotesbrand.com/limited-editions。
- 英国 Simply Cook：菜谱食材，www.simplycook.com。
- 英国 Graze：健康零食，www.graze.com。
- 美国 Nerdlock：收藏品，www.nerdblock.coom。
- 美国 Blackwing Volumes：黑翼铅笔。

Blackwing Volumes 每个季度都会推出 Palomino 系列的一款特别版的黑翼铅笔。用户除了收到 12 支铅笔外，还会有一支特别包装和印刻的铅笔用于“收藏”。目前，我们见到过一款漆面如吉他般闪闪发光的黑翼铅笔；一款纪念约塞米蒂国家公园的铅笔；一款和约翰·斯坦贝克习作过程有关的铅笔（他会一次削好 24 支铅笔，装进一个盒子，笔尖用粗了后，再一支一支装进另一个盒子）；一款印着电影《月球旅行记》（*A Trip to the Moon*）画面的铅笔（这是乔治·梅里爱［Georges Méliès］于 1902 年拍摄的一部 13 分钟的科幻片）。

Stitch Fix：对内容管理信心满满

Stitch Fix 创造了一种绝妙的零售方式，它简单得让你觉得自己也应该想得到。这种方式是：顾客访问它的网站，填一张调查问卷，然后选择几种喜欢的款式；之后，Stitch Fix 每个月都会挑选并寄给顾客 5 件衣服；顾客可以留下自己喜欢的衣服，把不喜欢的寄回去。

如果你留下所有寄来的衣服，还会得到 25% 的折扣，这一点让人十分开心。这完全是一种传统的档口销售方式，极其有效。面对全新的科技和顾客关系，Stitch Fix 依然凭借直觉来提高平均客单价，加快商品周转。这进一步说明，过硬的零售技巧依然是现代零售业成功的重要组成部分。

Stitch Fix 的宣传口号是：“对于忙碌的女性，Stitch Fix 就是个人形象顾问。根据你的品位、预算和生活方式量身定制，让你每天都自信满满、光彩照人。”所以，这不是每月随机挑选几件衣服给你，而是以专业顾问的眼光，帮助你打造最佳形象。他们的宣传中经常有“精挑细选、私人设计师、私人买手”这些字眼，以此来营造一种专属感，增加探索和内容管理的故事性，从而告诉大家作为顾客会享有一种特殊的待遇。

Stitch Fix 会对首次“形象设计”服务收费 20 美元，其中包含了顾客填写问卷调查和偏好选择的过程。这个措施很好，为设计过程增加了附加值，它说：“调查结果不是随意的，是经过认真考量的。”我们需要记住，人们一般都不会重视免费的东西。一直有人怀疑这 20 美元花得不值，对此，Stitch Fix 提前告诉顾客，在 Stitch Fix 最后一次购物时可以冲抵这 20 美元，他们绝对不希望取消这项服务。这项措施有真正的价值，同时基本消除了所有的风险。

Stitch Fix 的方法带来了巨大的利益。公司每次向顾客邮寄时，都会请求顾客给予反馈，因为这是购买 / 退回过程中的一个基本环节，所以大多数顾客会进行反馈。顾客会解释自己喜欢哪些款式及喜欢的理由，会标注尺码与合身度，对于退回的衣服则会说明为什么不喜欢。Stitch Fix 由此得到了丰富的数据，不仅可以使用这些数据优化推荐算法，使之更加精准，还可以优化公司的采购和营销。

其他时装零售商也体会到了个人数据的强大力量。商业内幕（Business Insider）网站援引其天才创始人卡特里娜·莱克（Katrina Lake）的话解释道：“采购都喜欢与我们合作。他们知道传统的零售店什么能卖、什么不能卖，但不知道为什么。我们可以建立模型，告诉他们其中的原因。如果某款背心销量不好，我们就能够独立分析出是颜色问题、面料问题，还是合身度的问题。”

发展付费会员

无论你处于哪个行业，基本都可以找到一个切入点发展付费会员。会员人数会从几千逐渐发展到数十万，你向他们收取年费或者月费，绝对值得。精心策划有创意的付费项目，融入关爱与新意，使之充满乐趣，这将是与顾客保持良好关系的绝佳机会。

如果你正在抓耳挠腮寻找点子，不妨换一个角度思考：每月寄一盒礼品的做法虽然可行，但是不妨回顾黑翼系列铅笔的创意。我们曾为英国石油公司的 Wild Beans Cafe 找到一个切入点，但是目前不能透露太多，只能告诉你是每季度邮寄的实物，和店里的周边兑换品有关。我真的很希望他们能采用这个办法，因为它是一个绝妙的会员项目，而且是一个切实的机会，能将 Wild Beans Cafe 的定位提升一个档次。

这项措施很有效，一个优秀的创业公司通过发展低摩擦 / 高奖励的付费会员项目，可能会在你所在的领域内超越你。我在威斯敏斯特大学教商业营销管理课程时，会给学生们布置一些任务，这些聪明的毕业生总是会提出一些绝妙的会员项目，这些项目会让现有的一些零售商备受打击。

内容管理的结果

内容管理是一个工具，用来聚焦顾客的注意力，将他们的需求状态最大限度地直接转化为销售。内容管理也能让顾客与零售商建立一种强大的情感联系，这样零售商就能从顾客的角度出发了。你通过真诚而有创意的内容管理，精选更能满足顾客需求的产品，就是在帮助他们。你就是顾问，过滤了所有不必要的选项，直接告诉顾客最好、最合适的选择是什么，让购物变得更容易。

故事性销售

在零售业中，故事性销售就是找到一种方式将产品作为故事的一部分呈现出来，让人们产生共鸣并希望成为故事的一部分。通过交流与视觉营销讲述故事，能让故事拥有一种强大的力量，顾客很容易将自己置身于这个简单的故事当中。能将顾客融入故事当中的零售体验非常具有吸引力。我认为现代最好的零售商，就是那些天生会讲故事的零售商。

超越销售

人与人之间大部分是通过讲故事与叙述进行交流的。我们借用故事描述我们的行为、愿望、关系和思想状态。叙述，就是以一种有逻辑和认知感的方式，描述事情的基本状态。它是我们理解世界及其与自身内在关系的核心。这就是为什么我们觉得巧合都有某种意义，为什么我们能让复杂的事情变得清晰。

我们通过有序的叙述来思考，这是人类在发展和生存过程中与生俱来的本能。从心理学上讲，秩序和与外界的联系能让大脑获得安全感，所以我们可以认识并理解周遭的世界。秩序是舒适感的直接来源之一，然而有些人最终发现，有序的世界里也充满了混乱和残酷。因为有秩序，所以我们才没有发疯。秩序是道德和文明的基础，是学习和文化的基础，是我们思考的方式。这本书主要讲述的是零售，但用了很长的篇幅讲述为什么故事有如此大的吸引力，让人着迷。讲故事就是帮助顾客想象买到这个东西后享受它的情形。

不确定的确定性

下面这个简单的实验能告诉你，我们的大脑多么渴望给每件事物赋予意义，让它与其他事物产生联系。

1. 找到一本小说。

2. 快速翻阅，随机将手指放在一个名词、动词或者形容词上。

3. 写下这个词。

4. 重复上面的动作，选择另一个词。

5. 并列写下第二个词。

6. 我翻阅了 J.G. 巴拉德写的《摩天大楼》(*High Rise*)，写下了两个词："夹克"和"大楼"。

现在看一下你选择的两个词。当你观察这两个词的时候，会感觉到大脑突然冒出一种思绪，牵强地将这两个词组合在一起。无论你喜欢与否，你已经将两个词的意义融合在了一起，大脑正在急切地编造一个故事，消除选择的随机因素，给这两个词建立一种有意义的关系，即同时出现的理由。这就是我们理解世界的方式，也就是为什么人类在面对巧合与孤独的时候，会感到如此不安。

我看到自己选择的两个词后，大脑里上演了一场激烈的斗争。这是关于生产夹克的大楼吗？我们所在的大楼名字是夹克大楼吗？这里生产的夹克是什么样式？这是什么样的建筑？谁在修建这个建筑？建造者拥有这些夹克吗？

我们认为，将形容词、名词或者动词两两组合在一起，一定有什么意义。仅仅两个随机拼凑的词，就激发了我们大脑以讲故事的形式创造一种有意义的需求。

寻找自然形成的故事

审视你的业务、产品和服务，无论是线上的还是线下的。仔细研究组合陈列的产品，以及其中可能存在的所有故事元素。你是将金箔与瓦楞纸组合陈列的吗？这两个品类的陈列是有用的还是让人迷惑的？你用来区分不同购物篮的标志是否与你要求顾客放置的产品类型不一致？你在卫生间入口旁边展示了一款非常昂贵的葡萄酒吗？这讲述了一个什么样的故事？

美国的食品店非常擅长组合销售。你只要看到一串香蕉，旁边肯定放着一包用来制作香蕉太妃派的食材。它讲述了这样一个故事：香蕉并不只是营养美味的水果，还能用来制作一款美味的甜点，你和家人可以在晚餐之后享用，多么惬意和温馨！拿起这包食材后，你会发现，下层的货架上陈列着饼干、浓缩牛奶和鲜奶油，这些都是制作香蕉太妃派的必备食材。不知不觉，你已经将一串香蕉和其他 4 种食材都放到购物篮里了。当然也有一些类型的超市会因为想要促进水果销售，所以才这样陈列。但这依然是一个很有说服力的例子。

分析你向顾客呈现了什么：

- 两个毗邻陈列的产品讲述了一个什么样的故事；
- 网站上一个页面或者分屏展示的产品；
- 相关的颜色和字体；
- 标题和产品描述的内容；
- 符号和素材。

你会发现有很多机会，可以向顾客讲述一个能提高销量的好故事。

讲个好故事

讲故事是最基本的，如果我们能以讲故事的方式与顾客沟通，告诉顾客我们产品的优点，就能更好地传达“立刻购买”的信息。第 1 步，就是讲述产品的故事。举一个有关家装的简单易懂的例子。

"新厨房能提升生活品质。"

这个故事很简单：这句话不是说需要买一个新厨房，而是描述人们重新装修厨房时的故事，他们随后会注意到，生活变得更美好了。

第2步，也是最关键的一步，将顾客融入这个故事中，我们应该说：

"一个明亮、时尚的新厨房，能让生活变得轻松，让下厨变得更有趣。"

顾客先听到了重新装修厨房的故事，最后在大脑中勾勒出了一幅和家人享受美好生活的温馨画面。

我不主张照搬这些故事，而是希望你理解这些故事传达的思想以及让顾客融入故事之中的方法。这绝对能改进店铺的视觉营销方式以及店铺刺激和吸引顾客的方式。

讲故事的好方法

我发现了6个简单的方法，可以增加店里的故事元素。零售商Rewe Richrath在果蔬区摆放了一辆拖拉机，这就是一个现成的故事。它不仅让人联想到农民在田间耕作的情形，而且传递了一个流行的观点："真实"种出来的食物味道更好。一辆红色拖拉机就是一个象征，用它来衬托这些农产品，顾客就会对这些果蔬和这家店产生特殊的感觉。

方法 1，利用服务

在服务过程中，询问顾客有关他们的问题，会为故事性销售建立良好的基础，也更有说服力。集装箱商店的销售过程完全由故事驱动。它探究顾客使用产品的真实故事，以此发现产品如何改善顾客的生活品质。后文还会讲到它的案例。

方法 2，利用视觉营销

货架上静态的产品不会讲任何故事，但是可以通过有创意的视觉营销讲述一个与众不同、有说服力的故事。Crate & Barrel 的新模式店铺借助产品陈列，讲述了一个生活方式的故事。它通过示例来告诉顾客如何布置门口，从视觉上直观呈现出效果，而且还会介绍如何重新改变功能和样式。每个产品都嵌入一种使用场景，旁边的功能介绍卡片上有文字说明，告诉顾客它是如何让家变得时尚而舒适的。

方法 3，利用演示

演示产品功能很乏味，但是将产品的功用与人们的实际生活联系起来，你就能创造出很有吸引力的故事。走进任意一家威廉索拿马门店，你会看到、听到、闻到和尝到各种在店里烹制的应季美食。万圣节前几天，你只要闻到南瓜的香味，就会开始思索如何在家里好好地庆祝一番。

方法 4，利用产品

根据产品的功能，可以将其转换为一个关键的故事元素。大家对这个观点一直存在争议。我之所以认为森斯伯瑞是这个方法的开创者，是因为我在森斯伯瑞第一次看到了这种方法。随时都有现成的咖喱鸡便当，这不是一个故事，而是一个功能，是用来解决实际机体需求和情感需求的便捷方法。森斯伯瑞的咖喱套餐才是一个故事，味道超棒，配菜齐全，给你一种特殊享受。你准备驾车离去，顺手拿了一份套餐，或许买这份套餐不像便当那样是为了充饥的。这就是功能和故事的区别。为顾客提供组合搭配的套餐，对业绩会有显著的提升作用。

方法 5，利用优惠

看似简单的价格促销可能创造一种故事情景。玛莎百货经典的“10 英镑情人节套餐”，就是用价格和产品创造了一个故事，很有代表性。这个故事让顾客突然决定选择这个包含主菜、配菜、红酒和甜品的套餐，不是想要大快朵颐，而是想度过甜蜜的夜晚。顾客认为这个套餐的作用不在于搭配的菜品，而是描绘了一幅他们享用这顿美餐的温馨画面。

方法 6，利用节假日

每年有很多固定节假日，像复活节、暑假、情人节、开学季、圣诞节等。它们本身就是简单的故事，你都可以利用。安萨默斯（Ann Summers）在零售过程中应用了很多技巧。尤其是在情人节的时候，他们会借助橱窗展示讲述一系列故事，告诉你如何加深情侣关系。安萨默斯借助节假日打造故事，给顾客制造期待，让他们很容易就能融入其中。

Smart Retail 顶级零售商的策略

集装箱商店：以故事为经营核心

我作为咨询顾问，经常被人问最喜欢的零售商是哪家。我能随口说出几个：亚马逊最有名，宜家也不错，我也很重视乔氏超市和沃比帕克，我喜欢塞尔弗里奇超市，我 10 多年来在 Wiggle 多次冲动消费（但这是因为我是肥胖的中年男人，把使用莱卡面料的服装当作运动必备品）。

当然还有一些不为众人所知的独立零售商：Stew Leonards 和牛津的 Robert Moy-Tuscan Pots。后者给人感觉有点“愚蠢”，每星期只营业两小时，好像奉行某种神秘的零售法则，不过我挺喜欢。还有一家零售商，也会让人产生这种愉快的感觉，它看起来有点像 20 世纪 70 年代末斯皮尔伯格（Spielberg）电影里神秘的儿童卧室，它就是 American Science & Surplus。我喜欢 Foyles，喜欢逛市场，而且对圣奥尔本斯的 Chaos City Comics 比较有感触。

但是，哪一家是我最喜欢的？从零售技巧、稳定性、可靠性、盈利状况和受欢迎程度这几个方面来衡量的话，有一家零售商独领风骚，它就是集装箱商店。其创始人基普·廷德尔（Kip Tindell）极具魄力，他用一种改变生活的理念来销售架子与盒子，其洞察力让人佩服。就连他的父亲也怀疑地问他：卖这些空盒子怎么能赚钱？

廷德尔的成就让所有人大吃一惊，请一定要阅读他的著作《无所不包》(*Uncontainable*)。这本书的内容既生动又深刻，讲述了他成功的故事。他的成功几乎让人难以置信。集装箱商店不以产品为中心，所有的业务都是以顾客的需求、问题和生活为出发点。员工底薪高，收入要远高于行业平均水平。因为廷德尔认为，工资要能维持员工的生活，所以他们的奖金也不低。集装箱商店投入巨资为员工提供培训，每年的培训时间长达 210 小时，前几个星期全天都是培训，不用去门店上班。而零售行业每年人均培训时间只有可怜的 6 小时。

在培训中，廷德尔将他们的服务方法称作“沙漠中的销售”，这是纯粹的故事驱动型过程。培训师要求员工想象，他们在沙漠的一片绿洲中经营着一家普通商店，一位穿越沙漠的人走进来，想要买一瓶水。在廷德尔看来，按照传统的零售模式，你向那个人卖了一瓶水，这个交易是把动机转化成了销售，价格不低。

而按照集装箱商店的模式，你不是立刻卖给他一瓶水，而是询问他为什么来到这里。你给他提供免费的水，因为这么做才是正确的，但是你要一直询问他，不断发现他的需求。或许他迷路了，走了很久，水就是他即时的实际需求，但是他走得太久，鞋子破了，皮肤被晒伤了，家人很担心他，他很疲惫，还有点害怕。

了解这些经历后，你就不会向他卖一瓶水，而是会卖给他遮阳伞下的一片阴凉、一双新的鞋子、一罐防晒霜和一顶帽子；卖给他一部可以和家人联络的手机；卖给他一瓶鸡尾酒，用来庆祝活着走出沙漠。你还可以卖给他休息和恢复体力的时间，以及安全感和自信心。你发现了他的故事后，就将你销售的产品编进故事。

这正是集装箱商店收入丰厚、友好热情的员工会做的事情。你拿起一个文件盒时，店员很快就会询问几个有关“今天为什么想起来要整理文件”的问题。聊了一会儿，你和店员就会明白，其实你不是想要整理文件，而是要整理桌面的物品，使用文件盒既能增加存储空间，也能让各种用具摆放有序，会让书房变得整齐简洁。

你如果咨询野餐垫和野餐篮，店员就会问一连串店里规定必问的问题：你喜欢去哪里野餐？一般会有几个人随行？什么类型的食物和饮料是你们都喜欢的？什么东西会让你的野餐更完美？上一次野餐体验如何？你来这是买野餐垫的，但是和店员交流之后，就会再买几种其他的东西，相信它们会让这次家庭野餐更美妙，你的脑海里已经浮现出了和家人野餐的美好场景。

在没有店员帮助的情况下，顾客单次购买产品的种类是 1 ~ 2 种，而和店员交流之后，平均就会达到 8 种。这在集装箱商店很常见。集装箱商店讲故事的能力确实让人刮目相看。毫无疑问，顾客的满意度一直都处于最高水平，因为从总体来看，顾客喜欢来到这里并满载而归，在这里购物既简单又有趣。

廷德尔为了筹措资金进一步扩张公司，几年前将公司挂牌上市。华尔街一如既往，没有给他好脸色。他们对巨额工资和培训费用的合理性提出了质疑。其实集装箱商店的利润非常丰厚，但华尔街这些精明的人盯着财务报表，总想搜刮更多的利润。他们不明白，如果廷德尔做出妥协，让集装箱商店变成卖空盒子的普通零售商，不再为顾客讲述提升生活品质的故事，那将正如廷德尔的父亲所言：卖这些空盒子怎么能赚钱？卖空盒子的确赚不到钱，但是帮助人们节约时间、解决问题、享受生活就能赚到钱。

有些故事可以视觉化

一个阳光明媚的日子里，你看到一套精美的庭院家具，桌子装饰得很漂亮，布置停当，那场景就好像一个人刚起身进屋去拿一罐冰啤酒，然后到花园来享受。看到这个场景，我们就会立刻将自己想象成这个故事的主人公。一组庭院家具和一个烧烤炉陈列在门店，或者引导顾客浏览网站，就会讲述一个简单明了的故事：夏天在室外也别有一番滋味。顾客能立刻将自己置身于这个故事之中，因为这种视觉化的布置描述了他们已经知晓的故事：“坐在太阳下也很棒。我们喜欢烧烤，如果我买了眼前这些东西，立刻就能享受到它带来的乐趣。”

但是，将一堆木板放在货架上展示给顾客，或者在网站上用一张张图片展示如何组装一个露天平台，这个故事就不复存在了。取而代之的是另一个故事：组装一个平台，能让顾客在夏日多一个去处，扩大房子的活动空间，让他在组装完成时产生一种自豪感和满足感。不过，顾客很难将自己融入这个故事中，组装平台本身变成了一个故事的前奏，而且是一个充满疑惑的故事，比如："我能正确组装吗？工具齐全吗？需要多大尺寸呢？得花多少钱呢？另外还需要买什么东西呢？得花多少时间呢？"如果顾客不能直观地看到如何解决这些复杂的问题，就无法想象自己坐在崭新的露天平台上，享受夏日阳光的情景。而在第一个故事情景中，顾客仿佛身临其境，他们只需要问："价钱合适吗？家里有足够的地方吗？现在就能带回家，还是需要快递送货上门？"

根本没有勺子

查尔斯·斯彭斯（Charles Spence）教授是牛津大学的一名实验心理学家，专攻交叉模式研究（Cross-model research），大意是，同一个线索如何在不同的场景中引发不同的回应，以及这些线索如何诱导人们描述对周围世界的体验。斯彭斯教授以各种类型的感觉为课题，为很多大公司做过咨询。零售商也可以从中学到很多。

下面这段话，是他 2016 年在 BBC 广播电台第 4 套节目《数字化人类》（*The Digital Human*）做客时的发言："假设我向你展示一张食物的图片，并且手里拿着一只勺子在靠近这个食物，如果这只勺子是从食物的右侧靠近，那么习惯用右手吃饭的人会比较喜欢这份食物，因为你可以更容易地模仿吃的动作，它看起来就像是你自己的手。如果将同样的勺子放在食物的左边，习惯用右手吃饭的人立刻就不会如此喜欢这份食物了，原因何在呢？食物没有变，但是你的大脑很难想象出吃的动作。”

查尔斯·斯彭斯率先证明，同样的食物散发出何种味道，取决于吃这份食物的人听到了什么类型的咀嚼声。

零售商总是在使用线索，尤其是使用视觉线索来引起回应，以帮助顾客更容易想象买了他们的产品然后享受它的情景。你有类似于那只勺子的东西吗？你如何布置感觉线索来创造故事？

讲故事的门店

作为零售商，我们面对一堆尚未组装的木板、一堆制作蛋糕的原材料、一台没有节目的电视机，或者一台不能拍照的照相机，该怎么办？我们必须创造一种零售体验，将顾客融入故事之中。这一点在实体店尤其可行，因为我们与顾客有很多相似的感受。不过，这个方法也同样适用于网络零售，我们必须让顾客更容易地搜索浏览，并向他们讲述一个故事。我们必须激活顾客的感观，将他们带入故事之中。

在门店，如果我们将这些木板从货架上拿下来，找一个已经漆得光亮、组装成型、本身就是露天平台的空间来陈列这些木板，并在旁边展示不同颜色的漆料，那么顾客看到后，问题就会改变，从“我需要给露天平台上漆吗”变成“我要漆成什么颜色”。准备一台触屏电子设备，顾客就更容易测量尺寸和估价，甚至可以将露天平台的 3D 模型存入手机相册。从网上下载花园的全景图，在犹如夏日阳光的柔和灯光下，陈列一些舒适的样板家具。准备可租用的工具包，和木板一起打包好。

在网上零售的情况下，将上述这些元素加入博客的文字故事中，借用顾客对自身经历的描述，让这些故事变得真实可信。创建规划工具，并利用一些小技巧，比如询问顾客“你比较喜欢在新的露天平台做什么事情”之类的问题。自始至终，都要专注于为顾客在选材方面提供建议和支持，以一种新颖的方式包装这些材料，让他们很难将其与其他零售商的产品直接对比。我坐在 Dunster House 网络零售商的花园办公室里写下了这些文字。它十分擅长提问，而且产品的包装方式也十分特别。

呆板的故事

销售电视机的传统陈列方式是：靠近仓库的墙壁安装着一排黑色的金属货架，几十台电视机播放着同一个画面。现在应当改用电子墙，让顾客能在自家客厅布置其他东西，比如放满书的书架、印花的墙纸等。准备一个简单的扫描仪，顾客可以扫描上传自己喜欢的颜色，或者将客厅墙壁的图片传到电子墙上。在电视机前放一张沙发，提供丰富的电视节目供顾客选择，让顾客能够真实地体验。不要让销售人员机械地重复电视机的功能特点，而要训练他们去询问顾客自己的故事。比如：“这么说，你喜欢和家人一起观看动画电影？按这两个按键，就可以观看皮克斯的动画电影。你之前觉得《玩具总动员》很精彩，不是吗？电视机的音效怎么样呢？就像是胡迪和巴斯光年在房间里一样。”

不要把厨具随意摆在店里的货架上，或者千篇一律地在网站上挂张图片，要用厨具来烹饪食物，演示的过程就是在销售。员工要询问顾客喜欢做什么食物，喜欢什么口味。布置一处居家场景，展示各种厨具，这就向顾客传达了一种观念：如果我们能帮助你让下厨变得更轻松、更简单、更有趣，你的家庭生活就能变得更美好。这是通过食物讲述美好生活的故事，成为故事主角的办法就是买这些简单的产品。

最后这两个例子可能有点极端，但在最基本的视觉营销和顾客沟通过程中，利用故事并且将顾客融入故事之中，会创造更有说服力、更有启发性以及更容易成交的购物体验。

如何成为顶级零售商 Smart Retail

当下的行动

- 找出公司 5 个内容管理的例子。
- 创造 5 个新的内容管理方案。
- 你的网站是经过内容管理的，还是带图片的网状表格？
- 找到涉及所有经营环节的故事。要亲自去门店寻找，而不是在办公室纸上谈兵。在门店或在网站上亲自体验购物过程，留意每一个细节，在网站或 App 上购物时，把每一个步骤截图，向顾客和员工征求意见。
- 在这 6 个讲故事的好方法中，你目前实施了哪几个？逐个尝试其他还未实施的方法。
- 你有和斯彭斯教授试验中的勺子的效果一样的东西吗？列个清单。

长远的战略

- 考虑分组测试线上和线下体现内容管理元素的布局。
- 如何从根本上调整业务来讲述更有吸引力的故事？

Smart Retail winning ideas and strategies from the most successful retailers in the world

第 6 章

策略 6，

顾客在哪里，
门店就开到哪里

现在的门店可以无处不在，但应该这样做吗？

本章探讨要点

- 位置不可知论和全渠道
- 线上和线下的差异无关紧要
- 位置的新含义

接触的好处

众所周知，数字化时代已经能让生意发展到更多的地方，接触到更多的顾客，这是前所未有的。我们都在战略规划文件或者商业计划书中看到过关于目标客户的内容。

- 目标客户：所有人。
- 年龄范围：10 ~ 100 岁。
- 区域分布：没有限制。

你可能认为这是一个大胆而充满想象力的计划，我们正需要这种开放式思维。但是如果你头脑清醒，就会发现这是一个完全没有焦点的计划，很难依此开展业务、发展品牌和推广产品。现在无处不在的亚马逊，它创立时的计划如下。

- 目标客户：会在网上买书的人。
- 年龄范围：年龄大至频繁使用信用卡，年龄小至会在网上买东西，所以大概是 18 ~ 30 岁。

- 区域分布：美国，邮局能送达的地方。

两个月内，亚马逊就将书发往了 45 个国家和地区，在网上销售打折书就是按照这种节奏快速发展的。但是这些包裹都是在西雅图的办公室打包，通过第三方物流公司送到客户手中的，各种信息全都用英文书写。只有在时机成熟的时候，亚马逊才会改变战略结构，开始本地化运营，在当地设立仓库，组建管理层和客服团队。

亚马逊每一次向外扩张，都会慎重地考虑和评估。只有对自己的能力有十足把握时，它才会扩充品类。就目标客户而言，亚马逊真的一直在努力让更多人接受网上购物的方式。

聚焦当下，考虑长远

围绕特定的顾客群体和需求状态思考，并不意味着不能长远发展，或者被禁锢在无法快速发展的低效系统中。Lastminute.com 的联合创始人玛莎·莱恩－福克斯（Martha Lane-Fox）认为，创业之初就要考虑发展规模，从一开始就要设想庞大的顾客群体，以此来搭建网络零售系统。也就是说，随着公司的发展，整个业务体系要简单稳固，能够在线上和线下进行扩张。但这并不是说从一开始就要面面俱到，没有重点。

打破线上线下的束缚

亚马逊现在也开了实体店，而且运营得不错。原因之一是，从开店之初，亚马逊就全面考虑，打破位置和用途的限制，发挥规模和效率的作用。我写这本书时，亚马逊只开了 3 家实体店，而且各不相同。很多零售专家和一些自负的 CEO 评价道："亚马逊在特殊的情况下，简单地满足了特殊的需求，但它没有真正去做实体零售的雄心壮志。"

亚马逊第 1 家门店开业的时候，这些聪明的观察者就认为它是一个特例，而现在有了 3 家。亚马逊并不是在零售业野蛮地发展，而是明智、有规划地持续扩张，为更多愿意前来消费的顾客服务。

全渠道思维

零售业最热门的营销策略中常常提道"全渠道"这个概念。全渠道思维是以工具为中心进行思考的，而我认为必须以位置为中心思考。

全渠道的定义是：无论顾客是在网站购买，还是在门店消费，或者通过手机 App 等其他渠道消费，都要为顾客提供一种无缝衔接的购物体验。"渠道"这个词立刻引起了争议，它似乎说明顾客和零售商之间有隔阂。这是一种错误的想法，因为事实并非如此。在网站上购物，并没有受到电脑的阻隔；在推特上向机器人客服发牢骚，也没有受到推特的阻隔；打开手机 App，也没有受到手机的阻隔，我们只是在与零售商进行点对点交流。无论是网站、App、门店，还是通过电话、聊天窗口、推特或者拼趣，我们受到的阻隔可能是在应用商店寻找 App，在谷歌上搜索网址和门店地址，在推特上搜索零售商的账号，但只要找到了零售商的销售点，就与零售商建立了关系，中间并没有渠道。

在所有情况下，应该是同样的价格、同样的服务、同样的信息，而且应该让顾客觉得是在和同一家零售商打交道。在实体门店中，我们通常将其称为“让左手知道右手做的事情”。顾客最大的不满就是不同的地方采取不同的价格；或者同一家公司的各部门之间踢皮球（比如想要更改手机套餐）；或者无法直接得到眼前的工作人员、App 或者网站的帮助，让其他人来解决问题要等很久，这些都是见怪不怪的常态。如果你认为这就是全渠道，那就大错特错了。一定要意识到“渠道”这个词对你的思维产生的影响。下文还会讨论这个问题。

位置不可知论

全渠道还有另一层含义，这也是目前零售商常犯的一个大错误。人们认为全渠道策略就是让顾客能够通过所有平台和站点接触门店。你可能大声说：“这听起来很有道理啊！”确实有点道理，但是零售商根据全渠道策略将这些平台和站点划分为不同的渠道会禁锢思维，导致只重视搭建 App，而不分析顾客在什么时候，在什么地方使用这个 App。

零售商曾经采用了一种办法来接触顾客，即位置策略，把每一个能销售产品、提供服务和建议的地方都当作“位置”。每一个零售的地方，无论是 App、门店，还是火车上的顾客交互界面，这些都是位置。我坚信，是时候改变全渠道思维，变成位置不可知论者了。利用数字的力量寻找顾客，将每一个地方都当作一个位置，遵循零售的基本原则。

遵照位置不可知论的零售商，不会考虑通过什么渠道或者方式，在零售商和顾客之间搭建概念上的空间，而是采取了一些更加切实的行动。哪里有顾客，他们就在哪里开设店铺，这些店铺都是针对当时当地的顾客需求，具备其他所有的零售元素。所以，App 也可以变成搜索指南，但是要在不知不觉中激发顾客购买的欲望。实体门店要为顾客提供一种奖励性质的购物体验，既欢迎前来购物，也欢迎闲逛。

Oasis：多平台无缝融合

“左手知道右手做的事情”，这是零售业的基本准则。所以保持线上线下所有位置的统一协调至关重要。全渠道在这个层面的含义就是正确的。英国时装零售商 Oasis 是这方面的典范，它正确地理解和应用了全渠道。走进 Oasis 的门店，你会看到店员人手一台可以执行交易的平板电脑，用于查询产品信息和库存。如果你看中了一款衣服，但是你要的尺码早就卖完了，怎么办？店员可以查看其他位置的库存，立刻下单，不用去收银台就可以完成收款。这就是一种无缝衔接、低摩擦的购物体验。

这个例子也充分说明了为什么全渠道很难懂。Oasis 的案例经常被各种研究全渠道的文章提及。大部分文章一开头就指出，Oasis 将线上线下融合成了无缝衔接的整体。

但是，无缝衔接的整体到底是什么意思？简单来说，就是 Oasis 整个公司就像一个管网系统，整体相通。线上线下的库存信息都是同步共享的，各个位置之间可以随时调货。尺寸等产品描述和信息全部一致，顾客和员工无论在哪里都可以随时查看，如果一个位置更新了信息，其他所有位置的信息也会自动更新。这个系统目前运行顺畅。

我认为，在数字化时代，这不是什么巨大的成功，实际上是对经营和竞争的最低要求，因为它为你使用数字工具进行创新提供了基础。我知道无缝衔接有多强大，因为我很多朋友都是 IT 专家，他们做的就是这些事情。他们对这方面目前的进展了如指掌。

现代零售商要跟上时代，就必须做出大胆的决定。我知道一家大型制造兼零售企业，其产量高达数百万，却无法告知顾客准确的产品信息。我预测这种模式不可持续。

管网系统就好比车的副车架，顾客看中的，不是这辆车的外观，也不是让人兴奋的驾驶体验。你接触顾客时的位置，才是这辆车的主体和给人的体验，所以最重要。整个体系必须能满足顾客的要求，运行起来必须顺畅，而且不为顾客所知。在 Oasis 的案例中，内部流程如何运行对顾客并不重要。重要的是这些数字工具如何在线上线下减少每一次到访的摩擦，或者提高奖励。这是由位置决定的，而不是由工具决定的。

压力之下

如果你是一家上市公司的 CEO，董事会主席应该已经向你发过邮件，询问全渠道战略是什么。如果你是一家大型零售商的中层管理者，起码从 2011 年起，你就开始不停地念叨全渠道。

我的主张真的很简单。相较全渠道，位置不可知论更有吸引力，而且本来就是正确的。位置不可知论的含义是，应该把与顾客的每一个接触点看作一个位于特殊位置的门店。所以，市区的实体门店属于一个位置；移动设备上的 App 属于一个位置；可以在平板电脑上浏览的网站属于一个位置；开在火车站广告墙上、可供人扫码下单的店属于一个位置；门店营业结束后，橱窗就属于一个独特的位置；博客中的交易链接属于一个位置；海报上的二维码也属于一个位置。

我们要问的不应该是“我们应该选择哪个渠道”，而应该是“我们想处于哪个位置”。按照位置来思考这些问题，会极其有助于我们抛开系统和 IT 这些因素，重新回到位置策略。区分较好的零售商和伟大的零售商，就是看选址能力。在某种程度上，这也是最基本的能力，以使顾客来消费的可能性更大。

位置不可知论意味着，任何位置的店铺都要和顾客相关，好比实体位置或者虚拟位置要有不同的模式、品类和服务。它不是“一招鲜，吃遍天”的模式，这才是其核心。

你一旦开始把接触顾客的不同方式都当作不同的位置，就会逐渐按照一般的选址准则思考。你就会考虑这个位置实际上会覆盖多少人，同一位置的竞争对手有哪些，我们如何吸引顾客前来，如何在线上线下推广这个位置，如何在这个位置上销售，等等。

实施全渠道策略的结果通常是：要么花高额的费用开发了没有人使用的 App，要么搭建了华丽却不为人知或忽略了基本零售规则的网站。全球前 50 大网上零售商都是一些老牌实业企业。它们知道如何开店，如何在店里卖东西。

全渠道意味着不假思索地全面铺货。位置不可知论意味着在线上或者线下审慎选择位置。

亚马逊在西雅图开设第一家实体店，代表着在全渠道思维之外，它已经成为第一个相信位置不可知论的零售商：顾客在哪里，就到哪里开店。“线上 / 线下零售”这个概念根本就不存在，全部都是位置。亚马逊的行动已经清楚地证明了这一点。然而，认为全渠道就是零售商为了获得最大的销售机会采取的行动，这是一种误解，而且这种想法很危险。

制造商可以名正言顺地说他们通过渠道接触顾客。他们必须协调各种零售伙伴、分销商、批发商，甚至直营渠道。产品就是经过这些途径到达市场，这些渠道就是销售路径。对于制造商来说，一个渠道就像一条点到点之间的运河，他必须将产品交给摆渡的船主，船主可能还需要再次转手，最终将产品送达销售终端，面向最终的顾客。销售终端就属于一个位置，是零售商销售产品的地方。但是，当制造商也变成零售商时，渠道就消失了。请阅读下面关于沃比帕克的研究案例。

沃比帕克：制造商兼网络零售商

沃比帕克起初是一家纯粹的网络零售商，至今开了 27 家实体连锁店，而且还在快速扩张。其蓝图是“让眼镜更加质优价廉，时尚美观”，它非常聪明地向顾客传达了一点：它没有降低品质，而是简化了供应链，进行自主设计和销售，直接面对顾客。

沃比帕克去掉了中间商（零售商），自己变成了零售商，但事情没有这么简单。它的整个团队总是对市场保持敏感，从零售商的角度出发，来设计和制造产品。公司的经营直面顾客，保持透明，鼓励大家提出能降低成本、突出品牌特性的建议。创始人讲的一个故事描述了他创业的初衷：“每个好想法都源自一个问题。我们遇到的问题很简单——眼镜太贵了。我们当时都是学生，一位同学远足时把眼镜丢了，重新配一副的价钱实在太高，他在大四的上学期就没戴眼镜，眯着眼看东西，很麻烦。”这个故事让他们觉得解决这个问题很有必要。

这个蓝图落地的结果也十分打动人心，它实际促成了两件事情：

- 哪里的顾客需要沃比帕克，就去哪里；在网络上或者由员工当面为顾客调试眼镜。
- 每卖出一副眼镜，就捐赠一副眼镜，帮助那些因为经济条件或所处位置很难买到眼镜但急需眼镜的人。

沃比帕克采取了一对一的方法捐赠眼镜。你买了一副相对便宜的眼镜后，就意味着你也将另一副眼镜架到同样需要它的人的鼻梁上。零售商推动了社会善举，多棒啊！

说到第一件事情，这才是让一些零售商和专家摸不着头脑的地方："既然沃比帕克是网络零售商，它的模式就是网络模式，这个模式怎么会应用到实体零售中呢，说不通啊。"如果你认为零售都是通过渠道完成的，而且这些渠道都各不相干，那么当然就说不通。

沃比帕克的创始人从来都不认为自己是网络零售商。他们只是描绘了颠覆行业的蓝图，建立了业务，然后前往顾客需要购买眼镜的位置。

这就是位置不可知论的本质。零售商不要抱守固有观念，在封闭堵塞的渠道中运营，然后将固有观念也带到其他所谓的渠道中，试图以昂贵的代价覆盖所有的渠道。你应该像沃比帕克一样，成为位置不可知论者，出现在任何对你和顾客都有意义的位置。

位置零售

对于零售商来说，不存在面向顾客的渠道，面对顾客的都是位置。零售商就是在这些地方与顾客互动完成销售的。这个位置有可能是一个链接，或者是一家实体店；有可能嵌入博客之中；有可能是在眼前的咖啡桌上。但是每一个地方只是一个位置。这些位置必须有吸引力，交易过程方便安全，摩擦低。以渠道进行思考，零售商的策略会局限于工具和 App，远离顾客。以全渠道进行思考，零售商就会被工具蒙蔽，被 App 欺骗。

零售商眼下都在追捧全渠道，这经常会让他们犯战略性错误。奉行全渠道策略，会让思维禁锢在路径本身，缺乏对位置的关注。有多少零售商花巨资开发了无意义的 App，因为他们从来都没有正确地思考，顾客是否有动机去使用这些 App。

比起询问“我们如何找到某群体的顾客”，我们应该问一些更简单的问题：这个群体的人都在哪里？他们大概什么时候会购买我们销售的东西？他们是用手机浏览吗？他们是在家里使用手机吗？他们此时的需求状态和在公交车上或办公室浏览时一样吗？他们是在机场吗？他们在刷拼趣吗？他们喜欢去店里触摸和感受我们的产品吗？他们是在附近寻找实体店吗？他们喜欢去更远的地方寻求更好的体验吗？

基于位置的门店

零售商在手机上的呈现形式，并不是在某个渠道终端发布的 App，而是位置。哪怕只是嵌入在博客中的“购买”按钮，它也是一个位置。那么，零售商在这些位置做什么？当然是开店，就算这个位置上只有一个产品和一个按钮，它也是一个店。顾客信任我们和那个按钮吗？我们是否以最低水平的摩擦来促进销售呢？

哪里的顾客需要，就去哪里

达美乐（Domino）比萨推出了一种模式，将位置不可知论体现得淋漓尽致，Gadgette.com 将其描述为“像一个运行缓慢的自毁按钮”。这是一个镶嵌在小比萨盒里的按钮，按钮被按下后就会发送指令，店家随即将你喜欢的比萨尽快送到家中。

达美乐将这个按钮看作一种营销噱头。一按这个按钮，顾客手机上的达美乐 App 中就会产生订单。我希望达美乐意识到，这种零售模式其实是迄今最有创意的形式之一：这等于在顾客家中开了一家实体店。它的造型就像比萨盒，你只需要轻敲盒盖，比萨就能出现。

要说我们从中明白了什么，那就是我们的大脑没有一点理性，太容易受到诱惑，对稀松平常的故事都没有抵抗力：看见比萨盒，想到比萨，想吃比萨，感到饥饿，当然就要吃比萨，按下按钮，比萨出现，吃完比萨，心满意足。第二天又看到这个比萨盒……

哪怕点比萨的人在月球上，道理还是一样的。这个按钮是一个高度专注、功能完善的门店，可以开在顾客家中或者办公室的任意地方，按下按钮，比萨就出现了。

换个角度看问题

要跳出全渠道思维的框架，就要像亚马逊在西雅图开门店一样，只考虑位置。如果这个位置处于实体商圈中，我们要开一种什么类型的店铺？我们如何吸引和启发顾客，然后为他们服务？

亚马逊图书事业部副总裁珍妮弗·卡斯特（Jennifer Cast）明确地说："我们用 20 年在网上卖书的经验来打造一个门店。"其思维方式是这样的：我们能利用那些现有位置的经验，让新的位置也获得成功。他们没有一开始就说："这个渠道的经营方式是这样的，我们也应该这么做。"这显然不是全渠道思维，因为全渠道理论中的每件事情都互相独立，虽然顾客体验看起来一致，但是发展策略有所不同。

无独有偶，詹姆斯·当特（James Daunt）采用了一种鸵鸟式的做法（援引自 BBC 对亚马逊新店的报道文章），照搬网上书店的策略，在实体门店展示尽可能多的图书，因为他们发现顾客喜欢按照封面去选择图书。詹姆斯的出发点是品类深度和空间产出，因为他受到了传统渠道思维的束缚。

我很看好亚马逊，也想借这个机会来发掘一些可以应用到其他位置的好方法，比如手机、相关网站，或者家里的电脑上。

新时代的恐惧

我收到了一封邮件，其中使用了"传统的全渠道路径"这样的表达。全渠道这个概念出现只有短短几年，怎么就已经变成传统了呢？因为我们太想理解这个本来就不统一、快速发展的零售市场，一次次地随之转变。但关键在于，没有人会亲口告诉我们，这个新时代到底发生了什么。以前，我们卖什么，顾客就买什么，店开在哪里，顾客就去哪里，只有一种结账方式，也不用考虑员工的素质。

第 1 章已经讲到，顾客现在是主导者，我们无法再像以前一样，开发一个 App，然后期待顾客满怀欣喜地在 App 上自主购物，也不能期望他们依赖于我们的任何条款。

2015 年，三星发布了旗舰手机 Galaxy Note 5，我很喜欢 Note 系列，准备把现在用的 Note 4 换成 Note 5。但 Note 5 竟然不在英国销售。原来，这些大型零售商不能销售 Note 5，是因为受制于英国三星的条款，它们只能先清理 Note 4 的库存，而不能进口 Note 5。

但我是顾客，不关心三星和它的渠道问题。我现在只关心能找到一个地方买一部 Note 5。Carphone Warehouse 的所有门店都没有货，英国的主流零售商也都没有货，甚至在三星的网上直营店也买不到。但是我不管这些，因为我是顾客。我终于买到了一部 Galaxy Note 5，是在反应迅速、交易摩擦低、方便快捷的易贝上买到的。

或许，英国三星公司展示出了它对英国市场有一定的掌控力，但这种做法惹恼了顾客。它在多渠道的浪潮中逆行，只是扑腾了几下，最终却无法阻止这个潮流。三星受制于渠道，而我作为顾客，是位置不可知论者。

顶级零售商的策略 Smart Retail

Kwik Fit：不统一，不清楚

这是一个非常精彩的案例。Kiwk Fit 坚决地将线上线下区分开来，线上线下有各自的顾客群体，互不关联。这是对老规则零售的严峻考验，也是顾客主导的新规则的反映。

2016 年，如果你不先在网上买一个轮胎，而是直接将车开进 Kwik Fit 的门店更换轮胎，那么很有可能因此而花费不菲。门店散客更换轮胎的价格是 X，而先在网上购买，然后到门店更换，支付的价格是 Y，Y 比 X 低得多。

一位顾客告诉我们，她到店里想要检查轮胎是不是扎破了，维修员检查后，确认是扎破了。这位顾客花了 121 英镑更换了一个米其林轮胎。之后，她就开车走了，没有用到备胎。她现在知道，在 Blackcircles.com 上买一个同样的轮胎，价格低很多，但是她觉得直接去 Kwik Fit 的门店值得，因为他们能提供专业友好的服务，快速解决问题。不过，她没有想到，也可以在 Kwik Fit 的网站上购买同一款轮胎，然后去门店更换。更气人的是，同一型号的轮胎在 Kwik Fit 的网站上只需要 86 英镑，但店里的维修员提都没提（也可能是当天没有库存）。

从 Kwik Fit 网站订购唯一的缺点是，要等 3 天才能更换。但顾客告诉我们，不管能节省 24 英镑还是 35 英镑，她都很乐意等这几天。更确切地说，Kwik Fit 实际上强加了“线下税”，这种做法会造成不好的后果：第一，这位顾客不会再去 Kwik Fit，因为她感觉受到了欺骗；第二，她会将这段不愉快的经历告诉身边的人；第三，给 Blackcircles.com 带来了机会，哪怕要等一两天换轮胎，也无所谓。这位顾客一旦流向了 Blackcircles.com，你认为她短期内还会再次选择 Kwik Fit 吗？她不会，我也不会。线上线下不统一会将顾客拒之门外。

别再自吹自擂

零售商要去迎合这股汹涌澎湃的潮流，并且发挥自己的能力，寻找适销对路的产品，把业务发展到所有与顾客相关的位置。不要妥协，把某个制造商不起作用、联系不紧密的渠道终端带入市场。

一些读者可能认为这只是“渠道”和“位置”在语义上的差别。在某种意义上，这样理解是正确的，但忽视二者之间的重要差异，则完全是错误的。“渠道”会迫使人们把思想集中在接触顾客的方法上，而忽略面对顾客时真正该做什么。正是语言的诱惑力和对销量的渴望，让零售商鱼贯涌向了全渠道，就好像真的存在一些通往市场的渠道似的。实际上零售商只存在于一个地方：顾客密集的位置。渠道是通往某个地方的路径，位置就是这个地方。

我们有供应链的负责人，但我们只让他们负责配送到店，不让他们决定店面的形式。他们帮助我们在每个位置实施成功的运行策略。所以，零售商为什么要让全渠道的负责人来决定位置，也就是他们所谓的渠道终端的形式呢？因为技术让我们感到恐惧；因为金融机构不断向我们施压，要求在全渠道加大投入力度；因为其他人都在这么做。

可惜，我们恐怕还不知道，有些人并没有这么做。沃比帕克、Enjoy、达美乐和 1994 年横空出世的亚马逊，都是位置不可知论者。亚马逊思考过这个问题："顾客在哪里，他们什么时候有意购买我们销售的产品？"这就是亚马逊不断开实体店的原因，他们用行动回答了这个问题："很多人没有来我们这里，却在大街上闲逛，去咖啡店消费。如果我们出现在这些地方，那就有可能赚钱。"

这不是全渠道，而是一种思维超前的位置策略，出自总是独占鳌头的零售商亚马逊。全渠道是一条死胡同。零售商必须转变思维，变成位置不可知论者，而且得快速转变，因为别人已经在这方面你追我赶了，所以在你还有机会的时候，奋起直追吧。

扩大客户群体

全渠道思维和位置不可知论之间可能爆发激烈的冲突，但有一件事情是相通的：你必须随着时间向前，用数字技术来覆盖尽可能多的顾客。我在第

4 章中提到了很多新潮的专业零售商。他们不仅把实体店经营得十分出色，而且在手机端和网页端开设了店铺，给顾客多种选择，完美地展现了实体店的标准和内容管理能力。他们之所以采取这种做法，是因为他们来自其他领域，他们曾是制造商、收藏家或者手艺人，没有零售业的包袱。他们自然而然地建立了虚拟店铺，因为它的存在有意义。那么，所有实体零售商也应该开展网上业务吗？当然，毫无疑问。前提是，他们的方法能减少摩擦或者提高奖励，单纯地和其他网络零售商对标价格和产品还远远不够。

那所有的网络零售商也应该开设实体店吗？当然不是。有些网络零售商投入了大量资源来提升网上销量，但是这种情况现在已经很少见了。事实上，顾客渴望亲身体验，想在一些独特的店里寻找乐趣。大多数网络零售商会发现，自己也能开很棒的实体店并获得利润。

这些店开在哪里呢？又回到了位置策略。答案显然不是开在费用高昂的商业区或者商场。强烈建议选择偏一点的位置，尤其是在网上已经积累了大量顾客的零售商，寻找面积更大、交通更通畅的场所可能更好。

实际情况

你可以按照意愿在任何地方开展零售业务。你要克服的困难是设计一种位置策略，既要确保不错过重要的机遇，也要让所有的位置运行时都保持最佳的摩擦 / 奖励水平。这意味着要开发 App、开实体店、嵌入到其他网络空间、搭建网站、上门拜访等。每一种形式代表一个不同的位置，但是其作用都是满足顾客的需求状态，同时慢慢地赚他们的钱。不要考虑创造什么新的销售工具，因为它的销售作用比不上一个好的位置。

你的位置策略曾经可能是翻看地图并确定开店位置，现在则是制订顾客导向的计划，在顾客需要的任何地方开店。你要成为位置不可知论者，把每一个提供服务和销售产品的地方都看作位置策略的一部分，这样你就能在实施位置策略的过程中做出更好的决定。

如何成为顶级零售商 Smart Retail

当下的行动

- 考虑顾客会出现在哪些位置，你可以在此满足他们的需求状态。你在那些位置是什么形式？你在那些位置的统一性有多高？无论是网络销售、实体门店，还是临时零售，是否足以满足顾客的需求状态，从而让顾客产生消费？顾客产生的消费是延时的，还是即时的？如果是延时的，你是否清楚地知道顾客会去哪里满足其他的需求状态？

长远的战略

- 简要总结所有缺失的模式的要求，补充现在的实体模式和虚拟模式。
- 决策时以位置为主导，再以此为基础，结合渠道策略。

Smart Retail winning ideas and strategies from the most successful retailers in the world

第 7 章

策略 7，

让员工有好体验，就能让顾客有好体验

如果你不尊重员工，不重视他们，那凭什么期望他们能尊重和重视顾客呢？最佳的工作体验才能创造最佳的顾客体验，我能证明这一点。

本章探讨要点

- 员工工作体验和顾客消费体验的联系
- 服务利润链理论
- 为什么信任员工，他们就会做出更好的决定
- 打造良好工作体验的基础元素

充满乐趣的乔氏超市

我到达芝加哥的当晚，走出公寓去看夜景，要是在伦敦，此时应该是熙熙攘攘的人群，但是这里显得真实而有趣：位于洛根广场上的神奇的G-Mart是一家小型的独立漫画书店，在这里即将上演一场另类的脱口秀表演。店主问我喜欢什么类型的漫画，我的伦敦口音比一般人重一点，一开口就显得很特别，似乎引得所有人都看着我。我们聊得很愉快，我还买了一本书，一切都很好。我就像典型的英国人一样，还是有点拘谨，点了半打一款当地啤酒，愉快地找地方坐下，准备观看表演。

演员们的表演都很出色，其中有一个人更是十分出彩。他叫丹尼·莫平（Danny Maupin），是乔氏超市的一名员工，业余时间进行脱口秀表演。这好像是一个巧合，那天早些时候我去过莫平工作的门店，那里的激情、乐趣和格调让我很吃惊。我之所以知道莫平是在乔氏超市工作，是因为他在表演中提及了很多自己的工作经历。你可能认为，在脱口秀表演中提及在超市工作，肯定会带着挖苦和自嘲的色彩，事实恰恰相反。听起来，在乔氏超市工

作充满乐趣。脱口秀中还有很多笑话，讲述在乔氏超市工作是多么舒适，经理是多么和蔼可亲，员工个个都穿着花花绿绿的夏威夷衬衫。

有关乔氏超市的笑料温暖而有趣，每个人都乐呵呵的。台下的观众作为乔氏超市的顾客，立刻就能从莫平的描述中得知，乔氏超市是快乐有趣的工作场所，员工受到重视，领导者也很有趣。他们有这种认知，也是因为他们去乔氏超市购物，也有同样的感受。这时，我已经喝了 4 罐啤酒，突然意识到，这就是我一直寻找的证明工作体验如何直接影响顾客体验的最佳证据。

关怀员工的阴与阳

工作体验直接决定了顾客体验，尤其是在门店。有很多例子可以直接证明这一点，你能从与销售人员、呼叫中心的员工，或者客服人员的对话中发现真正的企业精神、价值观和员工满意度。

“酿酒狗”的企业精神渗透到了公司的各个部分。《卫报》的乔恩·亨利是从吧员戴夫·布鲁斯（Dave Bruce）的口中得知这一点的。戴夫·布鲁斯在“酿酒狗”亚伯丁的门店工作，他说自己为了入职“酿酒狗”，努力了 18 个月，他还说：“这绝对是一家特别的公司，因为它除了啤酒和员工，什么也不关注，有时确实也有点过头，但在这里工作，我感到十分自豪。”

这也进一步说明，拥有简单可行的蓝图有多么重要。亨利还告诉我，员工只要通过了美国公司 Cicerone 举办的专业啤酒测试，“酿酒狗”就会给他加薪。这项测试的最高级别是 Cicerone 大师，包括 12 小时的笔试和盲测 100 种啤酒。全球有 9 个人通过了这项测试，其中两个人在“酿酒狗”工作。你有什么类似的激励措施呢？你认为培训是工作的一部分吗？员工发挥了更大的价值，与公司的蓝图更加匹配，你会奖励他们吗？

服务利润链

几年前，我得知了“服务利润链”（见图 7-1）这个在零售和服务业中的基本概念，员工对品牌的顾客体验影响最大，这是事实。如果你也这样认为，那就很容易理解。服务利润链理论的作用，是将一种模糊的理论概念转换成一种工具，用来衡量尊重、关怀、公正地对待员工对利润的影响。

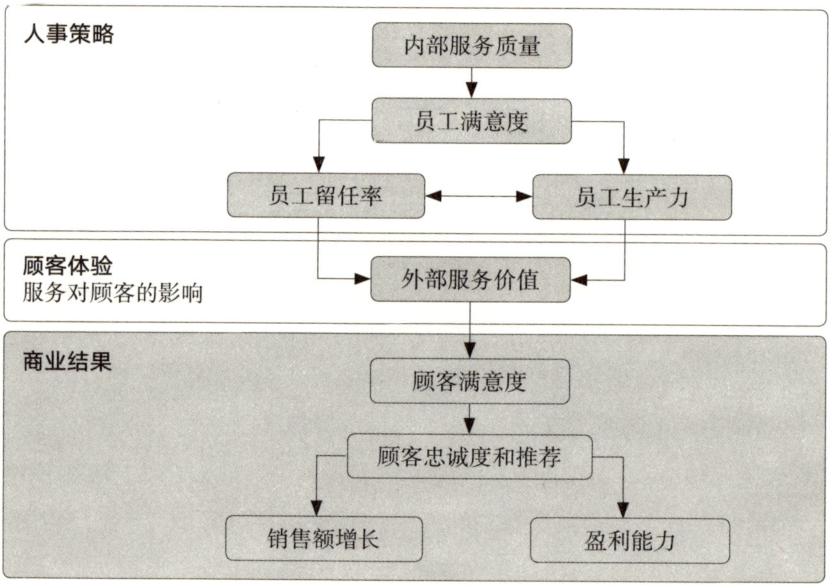

资料来源：资源智慧圈公司（Smart Circle），有调整。

图 7-1 “好”就代表利润

我们来逐个分析它们的含义。

- **内部服务质量：**善待员工是有益的。
- **员工满意度：**快乐、积极、受尊重的员工更满意。

- **员工留任率：**员工留任期更长。
- **员工生产力：**他们的工作表现更出色。
- **外部服务价值：**快乐、稳定、高效的团队能营造最佳的顾客服务体验。
- **顾客满意度：**让顾客开心快乐。
- **顾客忠诚度和推荐：**他们会频繁光顾、消费更多、向朋友推荐。
- **销售额增长：**表示你会赚更多的钱。
- **盈利能力：**利润上升，我们都开始订阅法拉利宣传手册了。

提升顾客服务水平

顾客乐于和快乐友好的员工打交道，所有的观察和反馈研究结果都确切证明了这一点。提高员工的留任率就相当于要提升员工的效率和知识。员工留任时间更长，工作表现往往更好，这直接影响到顾客体验，在为顾客远程服务时尤为重要。能做出合适决定的态度友好的员工很重要。

为什么出色的服务如此重要？

首先，出色的服务更能获得顾客的认可。

- 顾客会频繁光顾，而且大声谈论你的优点。
- 顾客更愿意首先选择服务好的零售商。
- 顾客会分享他们的美妙体验，尤其是经常分享员工是如何帮助他们的事例。
- 顾客也会分享糟糕的体验，但是事实证明，相较于没有问题的零售商，他们会更加认可妥善快速地解决问题的零售商。

其次，出色的服务会降低很多成本。

- 降低损耗，快乐的员工不会内盗，也会更加留意防范顾客偷盗。
- 降低员工流失率，员工快乐，感觉受到重视，留任时间就更长，不仅会节省招聘费用，而且会节省培训费用和时间。
- 犯错与任期负向相关，任期越长，犯错产生的浪费就越少。

优秀团队的重要性

我们稍后讨论价值观和愿景，并解释为什么二者对事业的成功至关重要。优秀的团队和门店文化就是良好的开端，能让价值观和愿景真正发挥作用。推行新理念时，团队会更乐意执行，每个人都准备着推动团队前进。

你可以允许每位员工随心所欲，不想上班的时候就装病请假，喜欢仓库里的东西就拿走，这样也能打造一个快乐的团队，但不会对业绩产生任何积极影响。优秀的文化依然伴随着不愉快的事情，比如：员工考核不达标，就要解雇他；员工让团队失望时，就要处罚他。然而，如果你拥有优秀的文化和快乐的团队，在你做出这些艰难决定的时候，团队会更支持你。这将有助于降低此类事情产生的负面影响，让团队更快地重整旗鼓。

人们更喜欢在快乐的团队中工作。在高绩效的团队中，乐趣不可或缺，而购物本身就应该充满乐趣。除了极少数的情况外，顾客喜欢逛实体店和网店的原因无疑是，能获得良好的交流体验和在手机屏幕上点几下就能买到东西的便捷感。建设有趣的零售团队文化更利于帮助你实现这一点。

如何打造优秀团队

快乐的团队会帮你赚更多钱，服务利润链也证明了这一点。集装箱商店、乔氏超市、Dixons Carphone 也都是很好的例证。快乐积极的团队能提供最佳的顾客服务。提升业绩的最佳策略，就是让团队快乐。

友好积极的团队能齐心协力为顾客创造快乐。他们工作时充满激情和创意，能极大地提高业绩，在零售业中更是如此。打造快乐团队看起来很简单，但其实也是一项巨大挑战。最出色的零售商依然在努力寻找合适的人才，他能根据实际情况做出最佳决策，不在事情难以推进时犯错误。做好管理不是一件容易的事情，这就可以理解为什么企业如此重视优秀的经理人。

我发现优秀的零售企业有一个共同点，它们理解自身的蓝图，清楚地知道企业要做什么（愿景）、允许员工自己做决定（尊重）、擅长识别员工积极的行为（认可）。我们把这 3 件事（愿景、尊重、认可）当作基石。只要做到这 3 点，就能打造优秀的文化。

- **基石 1，愿景：**知道应该为顾客做什么。
- **基石 2，尊重：**让员工知道自己可以做这些事情。
- **基石 3，认可：**用肯定来强化积极行为。

这 3 点会形成自我强化的闭环。愿景表达越清楚，员工行为就会越趋近；越重视员工的这些行为，零售商就会变得越好。我会在第 8 章更详细地分析 3 个基石的作用，下文先阐述领导力的价值和重要性。

领导力

我们开始思考领导力和团队时，管理就变得有点复杂了。我打心底认为，领导力是教不会的。确实如此，我们曾经失去了一个大型的咨询项目，因为我根本不认可“领导力可以教会”这个观点。英国一家零售商拥有 1 300 家门店，它一直想要改善门店文化，花费巨资让 1 300 位经理参加了领导力培训项目，并且对此十分自豪。但当我们分析了实际情况后发现，要说领导力培训项目带来了什么改变，那就是这些经理外出培训了两天，回来后十分紧张，他们知道高层在关注着他们此后的一举一动。

同样清楚的是，这些改变不会持续多长时间。我们在这方面丧失了领导力。我不认为，人力资源的作用是培训领导力这种天生的基础技能。我认为，人力资源的职责是在人才市场上寻找现有的优秀领导者，然后将他们安排在合适的岗位。我们指出这一点后，那家客户中断了与我们的合作关系。不出所料，他们的领导力培训项目没有起作用，这些经理此后表现平平，甚至不如从前，结果就是不断地更换经理，公司现在的处境当然就很尴尬。

那么，你一定要成为优秀的领导者，成为优秀的零售商吗？你一定要成为打造优秀文化的优秀领导者吗？在很大程度上，这个答案是肯定的，让你有点痛苦吧？你现在可能想深刻反省自己有没有领导力。如果我给领导力下一个定义，或许对你有帮助。其实你只要回答一个问题：你能够激励团队成员执行你的行动方案，赞同你的蓝图和愿景吗？

然而，优秀的领导者有时也会跌跤。具有领导力对完成手头的工作很重要，但是认清方向和规划路线也很重要，基于此，愿景、尊重和认可这 3 块基石才能派上用场。它就像一幅领导力地图：只要跟随这些步骤，你就能到达自己想去的地方。

Market Basket：将员工的能力和效率最大化

零售咨询公司 Columino 的总经理尼尔·桑德斯（Neil Saunders）讲述了一个故事——员工和顾客竟然组织了保护超市抗议活动，结果证明得人心者得胜利。

你对去过的超市有多忠诚？你比较喜欢去哪家超市？你会在那里购买大部分食材吗？也许是。你会从几英里之外开车去那里购物吗？有时吧。你认为它是你生活中重要的一部分吗？不是吧。你会做出牺牲，参加抗议活动来保护它吗？不敢想象！

我们可以看出：换句话说，关于购买食品的忠诚度通常只是表象。它短暂、脆弱和易变，实际上，根本就不是真正的忠诚。

然而，有一家超市与众不同。人们会从几英里之外开车前往，它是人们生活中不可或缺的一部分。大家会自发组织抗议活动来拯救它，顾客对它有真正的忠诚，这家超市就是 Market Basket。

Market Basket 曾经是新英格兰一家鲜为人知的连锁食品店。2014 年 6 月，董事会解雇了当时的 CEO 阿瑟·T. 德莫拉斯（Arthur T. Demoulas），Market Basket 开始走进公众的视线。

德莫拉斯任职期间，公司的利润和规模都在增长，但是拥有公司股权的家族成员不赞同他的管理。他们认为德莫拉斯给员工的薪水和分红太高，门店商品的定价太低。他们以为只要解雇了德莫拉斯，就可以让利润最大化。

得知德莫拉斯遭到解雇后，Market Basket 的 6 名高管提交了辞呈。第二天，公司的旗舰店门外爆发了抗议活动。德莫拉斯遭到解雇的消息立刻传播开来。各个门店的经理、收银员、库管和行政人员纷纷组织抗议。人们在店外聚集，拉起横幅要求让德莫拉斯复职。当地媒体对这个事件保持关注并进行了报道。

顾客纷纷离开门店，不是区区几个人，而是成千上万人。顾客声称：在德莫拉斯复职前，他们拒绝在 Market Basket 购物。这是他们的超市，他们喜欢这种经营方式，喜欢与他们交流的员工，不想让“公司化”改变现状。

这场抗议活动声势浩大。许多顾客本来是用 Market Basket 价格低廉的食物满足日常生活需求的，但为了拯救德莫拉斯，他们自愿牺牲，去其他食品店购买更贵的食品。他们甚至每天把在其他食品店购物的小票贴到 Market Basket 的玻璃上。

抗议愈演愈烈，经理们关闭了门店。人们就聚集在停车场上继续抗议。一些供应商也加入抗议活动，停止为 Market Basket 供货。

公司家族成员解雇德莫拉斯，目的是为了攫取更多利润，但给公司造成了数亿英镑的损失，导致 Market Basket 濒临破产。

8 月末，新罕布什尔州和马萨诸塞州政府介入此事，公司的家族成员最终同意将自己的股份出售给德莫拉斯，让他拥有公司的控制权，重新回到公司担任 CEO。

这个消息一经宣布，所有员工立刻返回岗位，加班加点补足商品，让供应链重新运转起来。供应商也竭尽全力，帮助门店尽快恢复营业。顾客蜂拥而至，比以往更多，德莫拉斯回来了，原来的 Market Basket 也回来了！

顾客和员工对这家店、它的生意、它的经营者表现出了空前的忠诚。德莫拉斯是怎么做到这一点的？答案简单得令人难以置信。德莫拉斯善待员工，他公正、真诚地对待员工，信任员工，让他们觉得这就是自己的事业。

在公司的家族成员看来，高额的薪水和奖金就是利润的损失，其实并非如此。这只是员工应得的回报，他们出色高效、尽心尽力地为公司服务，因为他们觉得公司重视自己，需要自己的点子和贡献。

在公司的家族成员看来，售价低就代表利润低，事实却并非如此。这就是该公司与其他零售商之间的一个重要区别，德莫拉斯理解顾客及其需求，才会实施这种定价策略。更为重要的是，德莫拉斯同时发挥了员工积极性和低价策略的优势。德莫拉斯的经营模式并不是将利润最大化，而是将员工的能力和效率最大化。他采用低价策略的同时，还调动员工积极性，使员工表现得极其出色，积极主动地为顾客提供优质的服务，照看门店和商品。这些综合因素共同产生了丰厚的利润。

德莫拉斯不是采用微观管理的方法，制定无意义的绩效目标，或者靠复杂的等级制度来实现这个结果，而是让员工对自己的工作充满热情，让他们知道自己是重要的，奖励他们取得的成就，并尊重他们。

德莫拉斯为人良善，事业同样十分成功。在他的领导下，公司的利润增长了 1 倍，规模不断扩大。不久前，公司的第 76 家门店在朴茨茅斯开业，还有新门店正在筹备之中。

真正的忠诚是：真诚地与员工和顾客交流。这也是优秀企业的根本。德莫拉斯说：“如果每个人在工作中都是平等的，受到尊重，他们工作时就会多一点激情，多一点奉献。我认为，这一点非常重要。”

如何成为顶级零售商 Smart Retail

当下的行动

- 向所有员工开放反馈路径，鼓励他们向 CEO 提建议。如果有必要，使用保护隐私的工具，收集匿名反馈信息。
- 为员工开放便于分享工作体验的私人空间，但是要确保所有人都是实名参与。Slack 软件就是一个理想的工具。
- 调查询问员工对工作的感受，委托专业机构设计问题，可以使用一些便宜或者免费的工具来进行调查，比如 SurveyMonkey。
- 按照服务利润链的步骤自查，列出公司在每一个阶段的措施，寻找不足和劣势。

长远的战略

- 参照上述步骤的结果，重建员工工作体验。
- 重新审视奖励和报酬，让它们能提升员工工作体验，激励公司蓝图中提到的满足顾客需求的行为。

Smart Retail

winning ideas and strategies from the most successful retailers in the world

PART 2 第二部分

让增长策略落地的 9 大运营法则

艾伦·莱顿（Allan Leighton）是零售业的传奇人物，让阿斯达（Asda）超市成为行业的佼佼者。艾伦认为本书是“关于如何零售的书”。这句话虽然看起来很平常，但如果你了解艾伦，就知道这已经是高度赞扬了。艾伦认为以下章节就是在告诉大家如何做零售。

SMART RETAIL

导读

实践方法

实践核心

第二部分重点讲述实践方法。根据对全球顶级零售商的观察，我研究了他们的共同之处，总结出一系列做零售的想法、建议和要点。我会集中讨论3个方面，即团队、顾客和门店。

这3个方面在重要性上没有先后之分，都同等重要。谈到门店时，我会区分不同类型的门店，分别讲述实体门店和网络门店。从哲学上来讲，我现在更加坚信，有关顾客和门店的基本原则适用于任何类型的门店，无论它是位于阿肯色州一位顾客的厨房，只有一个按钮和一种产品的亚马逊一键下单门店，还是位于伦敦的一家商场。

你会有什么收获

毫无疑问，要讲更多内容，就会大大延长阅读时间，所以，我不打算细说购物过程。因为顾客都是难以捉摸的独特的个体，他们受到高度重视，却捉摸不透，很难用文字完整描述他们的行为。我主要讲一些有关商品的基本原则，让你理解一家公司应该销售什么、如何定价，起码从哲学上理解顾客为什么会接受这些商品。

我倒乐意谈谈数据分析，因为它可能比我现在讲的事情更加重要。不分析数据，就等于在盲人摸象。但是，要让一个人从零开始学习到熟练掌握分析方法，可能要写一本书（可能十分枯燥）来告诉他，这不是本书的主旨。我认为你只要懂得计算进销存的基本方法，就可以利用现有的知识，将我提出的建议和点子应用到实际工作中去。

许多读者都是经验丰富的零售商，对他们来说，数据就像是第二语言。EDI 服务商网站上提供了所有重要的计算公式，你可以下载，以备不时之需。

Smart Retail winning ideas and strategies from the most successful retailers in the world

第 8 章

法则 1，

“愿景 + 尊重 + 认可”成就优秀团队

戴维 · 布伦特（David Brent）是情景喜剧《办公室》中一位出了名笨手笨脚的经理，他说：“你可以看到我是如何对待员工的：让他们感觉良好，让他们认为一切皆有可能。”他是对的，这也是优秀团队具有的一个重要元素：让所有团队成员都感到可以共同完成目标，一切皆有可能。

本章探讨要点

- 团队建设的 3 个基石
- 为什么你信任员工，员工就能做出更好的决定
- 营造最佳工作体验的基本元素
- 如何打造和领导高绩效的零售团队

团队建设的 3 个基石

第 7 章讲到最佳的工作体验创造最佳的顾客体验，现在继续深入探讨如何实际应用。团队这个概念用于单个门店中很容易理解，不过，我扩展了它的含义和结构，将所有对顾客产生直接影响的人都纳入其中。团队成员的工作可能是编辑文案、接听电话、处理邮件，或者维护社交媒体。

先回顾一下第 7 章的内容，我将这 3 个基石看作营造最佳工作体验的重要元素。

- 基石 1，愿景：知道应该为顾客做什么。
- 基石 2，尊重：让员工知道自己可以做这些事情。
- 基石 3，认可：用肯定来强化积极行为。

愿景

大多数人看到“愿景宣言”这四个字，就浑身起鸡皮疙瘩。我们一般都把它当作营销口号，因为大家一般都这么做。实际上愿景宣言的作用还远不止于此，好的愿景宣言就是一件强有力的工具，能号召整个团队。

你们公司有愿景宣言吗？如果有的话，它有意义吗？它清楚阐明了公司的目标和要求吗？它有助于你做决策吗？尤其是它体现了公司的蓝图吗？如果答案是否定的，那么你就要重写宣言。确定愿景宣言后，你一定要运用它，在每次团队会议中重申，要以它为指导原则，避免做出与此相悖的决策。

清晰有力的愿景宣言，可以成为提高和稳固绩效的实用工具。所以，愿景宣言要简单明了、号召力强，充分表达实际目标。如果员工知道公司存在的目的（蓝图），理解公司要求如何对待顾客，那么就创造了大家共同为之努力的绝佳机会。

顶级零售商的策略 Smart Retail

哈福德集团的愿景清楚、统一

21 世纪初，拥有 114 年历史的哈福德集团作为英国最大的多元化零售商之一，似乎步履艰难，正在走向终点。或许它还能再坚持 10 年，或许互联网现在就会将它置于死地，其业绩不断下滑，陷入了悲观之中。从 2010 年到 2012 年出现了 9 次盈利预警，似乎即将宣告死亡。就在这个紧要关头，马特·戴维斯（Matt Davies）加入了哈福德集团，出任 CEO。

戴维斯此前战绩辉煌，成功地将宠物在家（Pets at Home）从不起眼的小专营店，发展成了利润丰厚、业务遍及全国的宠物及用品零售商。戴维斯是曼彻斯特人，性格友善，他上任后，迅速组建团队，让整个团队都相信哈福德集团有举足轻重的地位。他在前几任 CEO 不断缩减投入的领域加大投入，其中包括增加员工人数、提高薪水、加强培训、改造门店结构，这些都属于成本投入，看起来不合时宜。

最重要的是，戴维斯有一种本领，他能将自己的愿景、策略和方案以一种简单的方式表达出来。他手下的员工，从店员到高管，都清楚他的要求，甚至确切地知道，他要求如何服务顾客。

戴维斯让哈福德集团获得新生，让人刮目相看。他为集团制定了一个蓝图作为愿景，明确提出总销售额要在 2016 年底达到 10 亿英镑的目标。他提出的蓝图（愿景）是：在顾客的旅途中帮助和启发他们。他们会帮助顾客运输汽车部件，启发每个年龄阶段的骑行者，为家庭出游提供装备。

哈福德集团的蓝图、目的和目标融合在一起。

- 蓝图是“在顾客的旅途中帮助和启发他们”。
- 目的是帮助车主，启发骑行者，为家庭休闲提供装备。
- 目标是集团的收入要在 2016 财年达到 10 亿英镑。

一些零售企业的领导者读完后可能会说，这都是一些废话，没有任何意义，忽略了基本的零售原则。但他们大错特错，以“帮助车主”为例仔细分析，它表达了一个真实的意思：店员随时准备帮助顾客检查故障、给出建议，并进行修理。如果顾客进店请求帮忙选一款匹配的电池，那么店员就知道现在最应该做什么。门店经理、区域经理知道，整个公司的人都知道。这就很了不起。简单的愿景战胜了复杂的战略。

除了愿景和目标之外，戴维斯进一步将整体战略分解为

5 个项目，让哈福德集团在 2016 年马力全开。同时，他制定了 7 个价值观标准，来稳固以顾客为中心、积极、人性化的战略。

哈福德集团 2012 年的销售额是 8.65 亿英镑。戴维斯的目标是 4 年内达到 10 亿英镑。他和团队只用了 3 年时间就实现了这个目标：2015 年，哈福德集团的销售额就达到了 10 亿英镑，盈利能力明显增强，利润大幅提升。这证明哈福德集团的成功是来自顾客体验的改变，而不是固定资产增值或任何财务手段。

2015 年 5 月，乐购邀请戴维斯担任其英国和爱尔兰公司的 CEO。到 2016 年圣诞节，乐购宣布了一系列成果，公司各方面有了明显改善，开启了全民抢购的风潮。2016 年 7 月，戴维斯在零售周直播（Retail Week Live）演讲时提到，他加入公司的时候，只向团队提了一个关键的问题：“我们如何把乐购从运营卖场的公司，变成服务顾客的公司？”他加入后仅仅 6 个月，公司就开始出现了复苏苗头，这说明他已经找到了一些答案。

哈福德集团用一种简单的方式表达了策略：在顾客的旅途中帮助和启发他们。

制定 3 个战略支柱：

- 支持每个车主。
- 启发每个骑自行车的人。
- 为家庭休闲提供装备。

实施 5 个特定项目：

- 服务改革。

- 建立诚信。
- 更新设施。
- 易于消费。
- 创造数字未来。

体现 7 个价值观：

- 乐于助人。
- 获得信任。
- 争取胜利。
- 开心快乐。
- 考虑顾客。
- 启发他人。
- 团队协作。

戴维斯离开后，哈福德集团又经历了什么呢？新的 CEO 有新的做法，无可厚非。吉尔·麦克唐纳（Jill McDonald）接替了戴维斯，她取消了戴维斯制定的战略，不过，她可能会将新的战略描述为之前战略的“延伸”或者“优化”。值得注意的是，哈福德集团投资者网站上用大量篇幅详细解释了这个新战略，却没有总结出明确的要点。

公平地说，现在还看不出麦克唐纳的新战略会产生什么长远影响。我希望她能一切顺利，但是我已经看不到戴维斯在任时那个清晰的愿景了。

复杂致死，简单得生。

166

价值观

关于价值观，管理专家提出了很多糟糕的观点；以至于一提起价值观，就让人感觉有点可笑。实际上，清晰的价值观会变成实用的工具，帮助你将愿景宣言落实到公司经营的每个环节。

愿景宣言告诉你公司做什么，价值观告诉你公司要求你怎么做，二者共同体现了公司存在的意义。我们用创新、乐趣、诚实、鼓舞人心这些词语来表达价值观，其中的技巧是把这些词语变成实用的话语，告诉员工如何把价值观应用到每天的工作之中。

2016 年，阿迪蒂亚·查克拉博蒂（Aditya Chakrabortty）在《卫报》上发表了一篇批判性的文章——《Boots 如何变成流氓》。她在文章中描述了一种价值观扭曲的文化：“药剂师本应向患者提供建议，现在却变成了销售员与顾客‘有目的的交谈’。正如 Boots 的一位药剂师所言，‘我的职业生涯好像就此结束了’。如果顾客对药剂师的服务感到满意，加以赞扬，这位药剂师就得到‘非常满意’的评价。然而，他们在绩效考核表中，无知地将其缩写为 FGMs（Feel Good Moment）。一位药剂师每个星期必须收到一定数量的 FGMs，比如 5 个。这种做法荒唐至极，他们试图把药剂师变成房产中介，把治病救人的白衣天使变成穿着白大褂的骗子。”

与此相反，Boots 的创始人杰西·布特（Jesse Boot）于 1919 年写下了这样的价值观：“共同的希望、共同的关怀、共同的仁慈让我们聚在一起，任何有助于这个快乐团体的事情，都是有价值的。”这些话很重要，因为它为顾客体验设置了框架。我对 Boots 感到担心，多年来也一直在表达这种担心。我希望 Boots 能重拾初心，摒弃现在让人产生恐惧的价值观。

思考价值观一个有效的办法是：思考在顾客消费时如何给他一种完美的体验，然后想象事后与他们交谈，他们会总结自己在消费过程中产生了哪 5 种感受？把这些感受写下来，然后问你自己：假如顾客与我们交流后带着这 5 种感受离开，他们还会再回来吗？如果答案是肯定的，那么你就处于良性状态中。

言出必行

定下恰当的愿景宣言，然后在网络门店和实体门店践行价值观。这样做是有好处的，因为这能改善顾客体验，打造一个战斗力更强的团队，从而提高业绩。好的愿景宣言和价值观标准读起来朗朗上口，词句简洁明了，表述有力，任何人一看就懂。

使用价值观指导员工的行为

有一个真实的例子说明了价值观会对店铺的日常运营产生重大的影响。这是关于一家英国服装零售商的研究案例。这家公司最明显的价值观之一就是：购买或销售服装就等于购买或销售乐趣。顾客想要令人愉悦的环境，员工想要享受自己的工作。实际上，别人告诉我们，这就是这家零售商吸引他们的原因之一。在一家时装零售店工作应该充满乐趣，而不只是面对死气沉沉的货架。所以，我们将“乐趣”定为价值观之一。它实际上迎合了公司的愿景：“向顾客提供质优价廉的时尚服饰，为他们创造快乐。”

很多人认为，应该把“乐趣”这种价值观融入零售工作中，几乎所有的零售商都可以施行，我也深以为然。但这不代表可以把它当作儿戏，而是要为顾客和员工创造惊喜时刻。乐趣让购物变成一种享受，无论是销售洗衣机还是手表，本质都是要让购物过程充满乐趣。

要让价值观在日常零售中发挥作用，办法之一就是重写岗位描述，这也是我喜欢的办法。删掉人力资源部写的那些枯燥的岗位职责条款，加入实用性的说明文字，告诉大家怎么去做及其原因。研究这家服装零售商的时候，我们发现了一群特殊的员工，她们真的很难管理。她们是一群 16 ~ 18 岁的姑娘，星期一至星期五都上夜班，然后星期六上全天，真是“神龙见‘尾’不见‘首’”。星期一至星期五经理几乎看不到她们，在最忙的那一天她们却突然出现，经理腾不出一点时间管理她们。关键是要让她们融入团队，发挥她们的作用，否则她们就会对门店产生不利的负面影响。更严重的是，她们会迟到很久，好不容易来了之后，却一言不发，这种状况在星期六早晨特别明显，因为她们往往在前一晚喝醉了。

我们看了她们的岗位描述，怀疑她们是不是看过。她们最重要的一个职责，也是星期六到店后的第一个任务，是这样的：“确保所有的陈列杆、陈列架与堆头都陈列满，根据门店的级别和格调，按照现行的营销计划销售。”这句话的实际意思很简单：开门营业的时候，不要空排面。这些姑娘把这个职责当成一件无聊、累人的事情，星期五晚上狂欢了一夜之后，不想在第二天早晨做这件事情。

我们改写了描述，引入了“乐趣”这种价值观：“时尚充满乐趣，请记住，当你进入库房补货时，拿出自己最喜欢的款式。我们需要你做选择，把认为顾客会在今晚穿出去的服装拿到卖场销售，把它们铺上货架，陈列到空缺的地方，以吸引顾客的注意。”这样修改之后，效果显著。

没有人能比这些姑娘更有资格告诉 16 ~ 18 岁的姑娘哪些款式最流行。我们请她们做主的任务真的激发了她们的兴致。她们甚至开始提前到店，挑选最佳的款式，彼此之间也开始互相竞争，争取陈列位置，敏锐地关注每个人的选款。这些都是非常积极向上的表现。这个改变还产生了意想不到的效果，这些姑娘开始积极主动地销售服装。她们让每个顾客都看见她们挑选的款式，随时补齐空缺的尺码和颜色。愿景和清晰的价值观就这样对团队业绩产生了直接的影响。

尊重

“希望他人如何对待自己，就去如何对待他人”，我祖母过去经常对我这样说。这句话就像她那辈人的许多智慧一样，都经过了时间的验证。在今天的零售业中，除了尊重员工，你别无选择。

无礼的市场

我有点希望廷普森（Timpson）的董事长约翰·廷普森（John Timpson）爵士是我的父亲，当然不是血缘关系上的父亲！因为他是英国零售界最和蔼可亲、最具感召力的人。他在经营战略和实际运营方面都非常成功。在战略上，他大胆地将廷普森的业务从销售鞋子调整为维修鞋子。从当时的趋势来看，日后的物品只会变得更易磨损，他若不是精准把握趋势，也不会将所有资源都投入到维修市场。他的所有经营思想都以尊重和信任为基础。他给经理根据当地情况自行定价的权限，给员工自己处理投诉的权限，并给他们相应的支持。他相信员工有能力做出成熟的决定，尊重犯有前科的人，给服刑期满的人一个回归正常生活的机会。

廷普森有 10% 的员工此前都曾在监狱服刑。他们能重获新生，还得感谢约翰爵士的儿子詹姆斯·廷普森（James Timpson），他在 2003 年提出了这个倡议。公司现在与 70 所监狱合作，开办了 3 所培训学校，致力于教化这些有前科的人，为他们去门店工作做好准备。

廷普森还有另外一个举措，所有的零售商也都该如此。公司授权每位员工可以随意支配一笔客户服务资金。信任员工，尊重他们的诚实和能力，他们就会给你惊喜。约翰爵士声称，向每位员工授权 500 英镑的客户服务资金，让他们“从长远来看节省了数千英镑的成本”。

这些措施发挥作用了吗？目前公司利润非常丰厚，顾客满意度高，规模不断扩大，而且员工的满意度也很高。修鞋和配钥匙看起来像是老掉牙的业务，但它可能正合时宜，因为从客户趋势来看，顾客开始寻求可靠、人性化的产品和体验。所以，廷普森以人为本的理念大获成功。

大家普遍认为，互联网公司的氛围就是拼命工作、疯狂玩耍，办公室有很多新奇好玩的东西，有免费的巴斯可乐，有可以休息的睡眠舱。当你发现世界前 50 大网络零售商大部分是老牌的传统企业时，可能会感到一丝失望。但是，从实体店业务开始的网络零售商的文化是真正建立在尊重、自由思考和鼓励内部创新的基础之上的。传统的组织模式说明在公司刚成立的前几年，这种架构很重要，但是公司总归要成长。

我怀疑当市场持续变化时，传统的组织模式就失效了。如果我的假设正确，那么所有的零售商必须将手中的一些权力交给公司内部敢于挑战陈规的人，去寻找原因，去尝试新事物，要允许他们不断试错，努力寻找可行的新办法。

我一直在想，对于零售商来说，是否真的存在所谓的成长阶段。1988年，我在一家刚刚迈入成长阶段的零售商总部入职。这家公司当时风头正盛，颠覆了整个行业。但它后来丧失了此前的创业精神和创造力，于2012年破产了。它从市场的颠覆者变成了失败的跟随者。如今的领导者给员工讲精彩的故事时，结尾的话都是，“当然，我们现在应该变得更敏锐一点”。历史已经证明，老办法行不通了。

文化可以改变

文化的改变不常发生，但确实是能改变的。瑞典零售商 Hennes & Mauritz 一改往日沉闷保守的风格，变得有趣而时尚，甚至将品牌重新命名为 H&M，这源自一次重大改革。那时，公司需要在人事上进行重大调整，来加速这次改革，调整完成后，业绩开始复苏。

Top Shop 改变了此前的家长式甚至有点高傲的文化，变成了反应快速、乐趣横生、紧跟潮流，甚至开创潮流的公司。这都出自一人之手，她是个“天才”。

或许，最引人注目的转变是电子产品零售商 Dixons Carphone。这个转变始于约翰·布劳伊特（John Browett）。他后来在苹果的遭遇引发了更多关注，他认为，服务不是自上而下的决策，而是要将职权下放到门店的团队手中，培训和奖金结构也要随之调整，以推动团队提供更好的服务，这样他们更愿意做好服务。

布劳伊特离开后，赛博·詹姆斯（Seb James）接任，他继续提高顾客满意度，同时也提高了销售额和利润。过去十年中，有几年 Dixons 看起来就要破产了，后来与 Carphone Warehouse 合并。后者以顾客为中心，是查尔斯·邓斯顿（Charles Dunstone）创办的。

测试文化

想知道一家零售商的文化是什么样的，有一个简单的测试方法：询问员工的工作感受。你刚开始可能会听到一些抱怨，尤其是在英国（因为英国人喜欢抱怨），但是要特别留意以下这些语句。如果你听到不同部门和门店的员工都这样讲，那么它的工作体验就是良性的。

- 我们受到尊重。
- 我感觉自己能发挥重要作用。
- 我得到了丰富的培训，永远不会在顾客面前一无所知。
- 我的点子受到重视。
- 我有权说不，公司鼓励我自己做决定。
- 我很清楚自己可以在这里获得职业发展。

20 世纪 80 年代零售业的后遗症

20 世纪 80 年代，居民消费性支出激增。在英国，这个过程还伴随着空前的高失业率。对一些人来说，财富遍地；而对另一些人来说，则遍地都是绝望。一些英国零售商借着这股浪潮，取得了惊人的成就。但是，一些零售商知道失业引发的恐慌越来越强烈后，就开始剥削员工。整个社会对服装、食物、家居用品和日常消费品的需求超出了当时的供应，一些大商店不管卖什么东西，都能销售一空。优秀的零售商善待员工，正是因为失业率居高不下，所以更要做一个好雇主。有的零售商却把员工当作毫无价值的一次性资源，随意开除。顾客不顾一切地买买买，并没有看到这些行为的副作用。所以，这些差劲的零售商能侥幸逃脱虐待员工的惩罚。

1985 年，我开始在门店工作，亲眼看到了当时糟糕的状况。当时出现了一种 JFDI（Just Flipping Do It）管理模式。高级区域经理会突袭检查门店，吼三喝四，方式极其野蛮和暴力。JFDI 是一种不尊重的方式，员工除了服从照办，不能有异议。那种情况十分糟糕，甚至能用恶劣来形容。一些零售商利用员工对失业的恐慌心理，肆意剥削和蹂躏员工，让他们的生活变成了噩梦。

但是，20 世纪 90 年代初的时候，社会发展不再大起大落，趋于平稳。与此同时，狂热的消费主义开始降温，失业率大幅下降，社会出现了长期稳定的繁荣局面。人们购物的方式也发生了变化，这个情况在英国尤为明显。人们变得更加理性，好像从 80 年代的梦中初醒，意识到为了消费而消费并不是那么明智。

顾客似乎开始觉察到，那些按照 JFDI 模式经营的零售企业并不是购物的理想场所。顾客也不傻，他们或许无法确切知晓在这些门店看到的事情代表什么，但觉察到了这些事情对他们的影响。

这个变化的影响是，零售商懂得了要尊重员工，并为员工投入，甚至要忽略长期留住员工的直接成本。建立在尊重和热情上的团队，最终会为企业创造更大利润。团队如果面对恐惧和超常的压力，短期内可能会迅速提升业绩，但通常会很快崩溃。更严重的是，他们的表现会让顾客对这个品牌没有好感，乃至逐渐抛弃。如今可以实时看到销售业绩，这很容易让我们在压力之下重回

JFDI 管理模式。千万别这么做，否则你今天得到的，以后终将失去。

过去几年中，我发现英国和美国一些大型零售商在业绩下滑时，不由自主地重回 JFDI 模式的文化，这让我备感忧虑。每当我看见一家盈利的企业开始这么做时，就感到有点悲哀。削减一两项员工福利，财务报表可能有吸引力，但从长期来看，这种做法会损害顾客体验，我敢说结果就是让顾客流失。如果说 JFDI 模式会引发什么后果，阿迪蒂亚·查克拉博蒂在批判 Boots 的文章中，已经描述得很清楚了。

关于尊重

尊重是相互的，但对于表现不佳的员工仍要处理，甚至不得不辞退。做出这种决定总是很难，但在一个以尊重为基础的团队中，你要花费很大的精力来指导他们。团队成员理解了你的决定并予以支持，不会变得人心惶惶。第 9 章将讲述建立尊重的一些技巧。

顶级零售商的策略 Smart Retail

Top Shop的愿景：成为自己的顾客

2005 年，马丁·巴特勒（Martin Butler）为了写《顾客买你推荐的东西》（*They Buy What You Stand For*）一书，采访了零售大师简·谢泼德森（Jane Shepherdson）。她在书中写道：“在我看来，经理人整天都在谈论零售原则，就是在胡说八道！根本不存在什么零售原则。”

1964 年，英国零售商 Top Shop 在谢菲尔德的百货商店租了一个商铺，开了第一家门店。虽然业务不断扩大，但它的定位一直只是一家服装店，向年轻女性销售好看、便宜的衣服。1999 年，谢泼德森出任总经理，对公司进行了彻底改革，不过不是改变市场定位或服装的风格，而是让门店变得富有生气，惊喜连连，逆市而为。她向整个团队反复灌输不要在意规则而要跟着直觉行动的思想。在当时来说，这种行为是巨大的冒险。

Top Shop 的蓝图相当简单：忘记公司的业绩，成为自己的顾客。这句话让人觉得不可思议，但它是一种态度、一种切实的改革，让 Top Shop 成为世界上极为引人注目、极为成功的零售商之一。

下面这段话讲述了谢泼德森如何像顾客一样思考，打破这些规则："我参加会议的时候会说：'是，我知道这件衣服好卖，而且卖了 20 000 件，但我不在乎；我只在意它的质量很差劲，不管是不是有人买，我们不会第二次去买差劲的东西。'要获得人们的信任，就要设立一个标准。这就是标准，所有的采购员现在都知道，所有的采购员现在都坚守自己的采购标准。在十多年前，有些采购员只会坐在那里说：'看见这产品了吗，难道不是很糟糕吗？但猜猜上周的销量是多少……难道不是很棒吗？'我认为这很没有礼貌，怎么能这样讲呢？这是不对的，根本不真诚。"

你会经常因某产品不值得顾客购买而将其下架吗？大多数人的答案都是，从不！ Top Shop 想创造感觉完全和顾客合拍的门店。不得不说，它之所以能这样做，也是因为现代的准时化物流，能快速周转库存。改革的关键就在于冒险。

品牌形象的力量，围绕蓝图建立零售业务并付诸实践的力量，就是零售业最大的秘密。这个秘密本身就有感染力，是所有优秀零售商成功的关键。

犯错的价值

犯错不可怕，犯错有时是好事。要想推动一件事情发展，有时就得经历犯错，然后汲取经验教训，尝试做更多的事情。人只要有权做决定，就会犯错。当然，人们也会做出很多正确的决定。越接近一线的团队，越是做决定的最佳人选。

但是，将决策权下放到各个门店会让很多销售主管心生恐惧。高层管理者很害怕失去对网络团队和门店经理的控制，这一点显而易见。不过，所有的证据都表明，这种想法是错误的。只要将适当的决策权授予直接面对顾客的团队，销售额和利润都会上升。有时，也会产生更多的错误，不过错误都是尚未掌握的经验。吃一堑，长一智，然后继续前进。

这个道理听起来或许有点太简单，不过，它也是正确的。回顾维珍品牌创始人理查德·布兰森（Richard Branson）的早期生涯，他在青少年时期就破产过一次；还有创办了麦当劳的雷·克罗克，他犯了一连串的错误，经历了无数次失败，从未放弃，终于在 52 岁时发现了特许经营快餐的前景。当你尝试一些有难度的事物或者新事物时，就可能犯错。如果你什么都不尝试，肯定不会犯错，不过，当你尝试了以后，可以看到会给公司带来什么变化。

认可

当你发现员工因为公司做了贡献而收到公司对他表示的感谢时，这就是对他的认可。认可是生活中最有效的激励工具，更不必说在公司中了。经常获得认可的团队，会更好地服务顾客，更开心地一起工作、更有效率、更稳定，所有人都享受工作的过程。你认可员工的贡献，就是在传达一个强烈的信息："我很高兴你今天能来上班，你很重要。"除了认可，激励的方法还有很多，但认可最重要。

在任何情况下，大多数人都想尽己所能做到最好。认可就是一个工具，告诉人们值得去为此努力。认可能自我强化：当员工做出成绩时，你给予他们认可，他们就会感觉良好，因为人人都喜欢感觉良好，所以他们会重复让其获得认可的行为。或许这种表述把我们的思维过程简化了，但是你有没有发现小小的赞扬也会促使对方有更出色的表现？

既然认可这么有影响力，那为什么零售业的经理人几乎没有受过相关培训，或者评估过自己做出有效认可的能力？可能有一些简单的原因，主要原因是，既要确定认可的标准，又要确定哪些行为应当获得认可，这有点难。应获得认可的行为可能包括提高团队士气，提供高标准的服务以及额外付出。虽然认可并不直接和销售额相关，但你还是希望它能提升业绩。认可是免费的，不用付出任何成本，却尤其能提高门店的整体表现。认可比我见过的其他任何管理工具都有效，你必须使用它。

别小题大做

认可难以付诸行动，首先面临的一个问题就是文化。有些人受到赞扬时会感觉很尴尬，不容易接受。而有些人受到批评时却没有这种反应，会认真聆听，哪怕语言有些刺耳，也还是会聆听。我们基本都有一个接受批评的系统，虽然可能不一定是一个积极的系统，但它总归是一个系统。虽然人们喜欢受表扬的感觉，但有些人受到表扬后却不知道该如何应对。

有些人表扬和批评他人的方式也有很大区别。批评时会具体分析，表扬时则一略而过。他们批评别人时会具体到某个问题，比如会说：“你做的预算不正确，忽略了印刷成本吗？”这样对方就明确知道了问题出在印刷成本上。而他们表扬别人时则会笼统地说：“预算做得不错。”

这种差别很值得注意，因为有重点地给予表扬和认可，会让对方清楚自己哪些行为好，所以就会延续这种行为。在上述例子中，受到批评的人知道应该去计算印刷成本。而受到表扬的那个人，就不知道这次的预算为什么好，或者不知道下次应该怎么做才能得到更多表扬。更好的表扬方式是：“我喜欢你做的预算计划，它更容易获得我的批准，谢谢。”

表达认可

“少量多次”是一条富有哲理的管理格言，在表达认可时也十分适合这样做。表扬的言辞太多，会让每个人都很难受。你单独对某个人加倍表扬，甚至会招致其他人对他产生不满。不要让某个人觉得自己是上帝派来的天使。如果他确实做出了特殊贡献，你可以在团队会议上提出表扬。但是在其他时间，表达认可的最佳方式是：简单提一下值得表扬的行为，就这件事说声谢谢。

经理人容易陷入的误区包括：害怕单独表扬，推迟表扬，过度表扬，关注别人的错误行为，不会提出明确表扬。这通常是因为表扬会让人尴尬，迟到的表扬会降低认可的作用，当场认可的作用最大。

很多经理人的管理要诀是发现员工的错误，然后加以纠正。如果你也是这样做的，则要去尝试发现员工的优秀行为。这样，你能发现他们会积极延续这些行为，并且会有更优秀的表现。恰当的认可会让人们感觉良好。用小小的奖励来表达认可也不错，但这并不是最重要的。很多研究表明，员工真正在意的，是经理、同事或者顾客向他说“谢谢你”的这一刻。

看得见的积极行为

要想培养适当表达认可的习惯，其实只需顺其自然，只要你觉得需要说声“谢谢”，那就这么做。这样你就清楚地知道哪些事情值得表扬。你的认可应该以“看得见的积极行为”为标准，这些行为就是员工的优秀表现，你在当时就能发现。

当你第一次制定正式的认可流程时，将这些具体的积极行为列一个清单，让团队理解你的意图。这样做会让你对这些行为了然于胸，如果发现了这些行为，就说明美好的事情正在发生。告诉每个人你的清单中包含了哪些行为，为什么选择这些行为。给新员工每人一份清单复印件，在开总结会时依据清单提出表扬。

“看得见”是关键。这意味着，你应该寻找的是那些可以实际“看见”它发生的行为。在门店，销售不是一个看得见的积极行为，因为它是一种活动，你用销售额来衡量，而且你会和每个店员讨论销售活动。不过，员工如何完成销售包含看得见的积极行为：耐心细致地为顾客查询信息，或者销售一件适合顾客但是提成低的产品。

这些看得见的积极行为能让顾客快乐，这一点很重要。这些行为可能会产生销售，但是即便顾客最终没有购买产品或服务，他也会带着好感离开。这一点意义重大，但很难从冰冷的销售数字上体现出来。

20 秒感谢仪式

采用这个方法，不用费太多工夫，就能有相当不错的收效。我发现，越来越多的零售企业将它融入了日常文化中，这是一个非常积极的变化。明确表达认可需要学习，所以，就算你现在没有表达认可的管理风格，也不要觉得尴尬，因为通过实践可以掌握表达认可的技巧。同样，也不要认为你现在不经常表达感谢的方式就是正确的。当你诚实面对自己时，就会发现 90% 的感谢都很笼统。

假设公司目前没有实行正式的认可流程，需要召开几次团队会议来制定“看得见的积极行为”清单。共同制作清单的好办法就是，从公司的蓝图、愿景和价值观着手，思考有哪些支持它们的行为。

再制作一些“感谢”便签，留出足够的空间来写被感谢人的名字以及你为什么很乐意说谢谢。打印一些便签随身携带，当你发现需要表达感谢时，就随时填写一个便签，将它放到你想感谢的人的手中。如果你觉得说不出口，就不用说出来，不用手舞足蹈地去赞美那个人，如果感觉不自在，一句话都不用说。你们彼此都理解这个便签的意义，这才是最重要的。接受便签的人会知道，你注意到了他的行为，而且你很高兴，仅此而已，做这个动作只要 20 秒。

向团队其他成员也分发一些空白的“感谢”便签，鼓励每个人使用它。同事之间通过便签彼此认可对方的努力，其作用和亲自这么做没什么区别。要是你能让顾客填写便签，那就真的将这个方法运用得炉火纯青了。

这个 20 秒的仪式很简单，但效果显著。我见过一家面积不大的肯德基分店，每星期要售卖 5 万份午餐，员工简直要忙疯了，很重要的原因是它成功应用了这个办法。使用“感谢”便签起初让人感觉有点傻气，但是很快就会被大家所接受并作为认可流程，变成团队的日常文化。这就是改变团队表现成本最低、效果最好的方法。

肯德基：学习“感谢”

20 世纪 90 年代末，肯德基对英国分公司的业务进行改革，自此稳固了它的地位。其中最重要的一项改革，就是改变对待员工的方式。作为改革的一个环节，我们根据看得见的积极行为和这个 20 秒的仪式，帮助它量身打造了一个认可项目。

这个不起眼的仪式让员工重新认识了自己以及自身的表现。一个发生在午餐例会上的感人故事就是这方面的例子。门店经理迈克告诉我，这是他第一次使用 20 秒仪式，员工道恩竟然哭了。道恩在这家肯德基门店已经工作了近十年，经历了多任经理的更替，但从来都没有渴望承担分外的责任。她之所以还在这里工作，是因为喜欢成为团队的一分子，仅此而已。

迈克在这家门店担任经理快半年了。一天早晨，迈克发现道恩正在教一个新员工如何给一个垃圾桶套双层包装。双层包装就是给一个垃圾桶一次套两个垃圾袋，这样午餐时间垃圾桶装满时，就只需要将一袋垃圾扔掉，不需要再去套垃圾袋。这只是一件小事，但用餐高峰期大概能节约一分钟时间。迈克看见了这件事，他发现道恩一直在帮助新员工掌握各种工作技巧。她完全没必要这么做，因为这不是她的分内工作，她完全是出于自愿和责任心。所以，迈克决定使用“感谢”便签。他写了“道恩，谢谢你”，然后在旁边画了一个框，写道：“让团队的新成员感到温暖。”他不好意思地把便签递给了道恩。

道恩突然哭起来。迈克再三强调自己不是要解雇她，问她为什么要哭。道恩告诉他：“你之前从来都没有向我说过‘谢谢’。”迈克愤愤不平，他说自己以前经常在会议上说。道恩给他上了一课：“不，你对整个团队说过‘谢谢’，这没错，但你从来都没有走到我的眼前，清楚地告诉我你注意到了我做的好事。而且，以前的经理也没有一个人说过。”

获得认可的那一刻，道恩无比激动，所以才会哭起来。大多数人都会是这种反应。这种方法的优点在于，它的作用会逐渐增强。虽然过程可能比较缓慢，但结果毋庸置疑，更多的人开始重复自己经常做的好事，慢慢地，整个公司的人都会这么做。

认可为什么能起作用

为什么明确的认可能发挥这么大的作用？原因就在于明确的表达能让员工意识到受表扬的是哪种行为并重复去做：如果你对某个员工说“今天表现不错，很棒”，对方会感到一丝欣慰，但当他们回想自己做了什么特别的事情才得到了这个表扬时，就会不清楚原因；如果你说“表现不错，谢谢，你让新员工感到温暖，我很感激，这有助于让团队更融洽”，对方事后就清楚地知道，重复什么行为能再次获得表扬。

如何成为顶级零售商
Smart Retail

当下的行动

- 回顾你的愿景宣言。
- 罗列 5 个与当前顾客体验关系最紧密的价值观。然后寻找 5 个你认为应该反映当前顾客体验的价值观。
- 询问员工的工作体验，来测试你的文化。
- 罗列过去 3 个月中你认可员工贡献的 5 种具体方式。你可以从本章有关认可的内容中学习新的方法吗？

长远的战略

- 借鉴马特·戴维斯在哈福德采用的办法，重新评估和制定愿景宣言和以此为基础的战略项目。
- 重写岗位描述，体现上述元素。
- 考虑实施完整的认可项目。

Smart Retail winning ideas and strategies from the most successful retailers in the world

第 9 章

法则 2，

用激励让积极成为常态

有位客户说：“我不能使用‘快乐’这个词，我们无法信誓旦旦地说自己可以让员工快乐。你无法明确地定义‘快乐’，对不对？快乐很好，但员工不是为了快乐来这里工作的，对吧？”我能做的就是中止与这位客户的合作。购物充满乐趣，保持快乐很好，这两件事相辅相成。

本章探讨要点

- 快乐的团队如何改善顾客体验
- 激励的 5 个元素，以及如何将其应用到零售工作中
- 团队会议为什么必不可少

快乐的团队，快乐的顾客

本章讲述的原则适用于整个公司，如果你参与现场管理的话，这些原则就更有用。积极的员工对创造最佳的顾客体验至关重要。员工才是真正的决定因素。我们已经探讨了工作体验和门店文化（愿景和价值观），现在要更进一步，探讨有关积极性的基本细节。我会详细介绍一些实用的方法，帮助你提高零售团队的积极性。本章的内容都源自我对顶级零售商及其团队的研究和观察。

激励的 5 个元素

以下这 5 个元素会提高员工积极性：

- 物质奖励。
- 隐性惩罚。
- 自尊。
- 非物质奖励。
- 认可贡献。

每个元素的重要性因人而异，年龄、个人状况、现实因素等差别都会对其产生影响。在实际操作过程中，你只需要对大多数差别稍微调整，但有一个最大的差别除外，这个差别是团队中的年轻成员通常在不同程度上受到金钱的激励。你可能认为每个人都是如此，不过，稍后我会向你说明，为什么这个观点并非完全正确。

奖金，物质奖励

我们普遍错误地认为，物质奖励是最重要、激励性最强的方法。事实上，这个观点并非完全正确，因为超过一定程度后，金钱的激励作用就微乎其微。只要薪酬合理，除此之外的特殊奖金，或者金额较大的有奖比赛，不会对员工的积极性产生多大影响。没有人不喜欢钱，这一点不用怀疑，但它也能产生反作用，因为高额的奖金会成为一个先决条件，如果员工得不到奖金，他们就不会付出额外的努力。然而，如果奖金太少，它就会变成一股可怕的消极力量。

那些员工积极性高的零售商发现，向员工发放高额奖金来提高表现有 3 个负面影响：

- 会促使员工太过关注短期业绩，导致顾客服务质量下降。
- 使员工习惯于看钱办事，除了本职工作，没有奖金就无动于衷。
- 员工很快会把奖金当作日常收入，长此以往，奖金就失去了激励的作用。

有很多可靠的研究证明，金钱只会让接受者的大脑产生非常短暂的满足感。从本质上来讲，金钱终归是金钱，左手进，右手出。即使你不相信这一点，这种影响也表现得越来越明显。金钱很重要，但它产生不了长期的激励作用。你可以通过评估员工满意度、流动率和顾客服务质量得分，来衡量员工的积极性。

胡萝卜背后的大棒，隐性惩罚

隐性惩罚就是胡萝卜背后的大棒，这就是规则。它之所以是隐性的，是因为你可能从来都不会使用，但是团队成员知道你仍然会在迫不得已的情况下使用。之所以称它为“惩罚”，是因为被惩罚者没有触及最低标准，就受到了惩罚。隐性惩罚是一个有用的激励因素，但需要管理者娴熟地掌握运用的技巧，恰当处理，同时也需要具备很多常识，并赞同“希望他人如何对待自己，就如何去对待他人”的观点。

例如，销售助理必须知道，如果顾客满意度下降，领导者就会严肃地找你进行谈话。此外，他们也必须知道，这场谈话过后，需要采取一系列行动。如果无动于衷，领导者就会严重怀疑团队以后的表现，这就是惩罚的部分。

必须让员工知道这种惩罚会发生，但同时，一定不能让他们在提心吊胆的氛围中工作。这有时是一种平衡手段，但要比让员工恐惧的管理更有效。后者会产生诸多问题，比如服务质量下降，提心吊胆的员工不会为顾客提供满意的服务。恐惧也会导致员工流动率上升，甚至产生劳资纠纷。

20世纪80年代，零售业的管理者都是一些冷酷强势的男性。因为失业的阴霾一直笼罩在每个人的心头，尤其是在欧洲，所以恐惧在当时是强大的驱动力。时代变迁，有些国家的零售业这些年一直处于用工荒的局面。利用恐惧进行管理就变成了低劣的手段，但我们必须承认，标准缺失、没有惩罚会让我们变得懒惰。要让团队成员积极主动，就得让他们知道你已经为了激励他们而设置了一系列标准，而且会严格执行这些标准。

自尊，不要把员工当小孩

绝大多数员工的默认立场就是尽最大努力把工作做好。如果你创造了有利的条件，大多数人会出于自尊，努力做出优秀的业绩。我已经讲过以自尊为基础打造优秀团队，自尊就是优秀团队的一个重要组成部分。自尊让大家觉得付出努力是值得的。

反之，员工处于丧失自尊的环境中，会做出相应的负面行为：偷窃、无视顾客。如果你伤害了一个人的自尊，你怎么能希望他反过来尊重你的顾客呢?

抛开一切政治因素，我希望你能看看贫穷和失业对社区产生的影响。人们找不到工作，租住在简陋的房屋里，可能永远都不会拥有属于自己的房子。犯罪、吸毒、动乱就会随之泛滥。实际上，如果我连自己都不尊重，怎么可能去尊重别人？作为零售业的管理者，你可以采取很多办法，鼓励员工自尊自爱。你可以通过以下方式来建立互相尊重的文化。

- **分享信息：**告诉员工一些公司管理中的核心信息，比如公司的现金流、经营状况、成本、损失和利润。用这些敏感的数字告诉他们，你信任他们。虽然竞争对手可能会得知某些信息，但是利远大于弊。
- **给予权力：**允许员工自主决定，尤其是与顾客有关的现场问题，比如打折和解决服务问题。要让员工能自信地做出这些决定，就得确保有一套实际合理的参考标准。完善的流程能帮助员工做出好的决定。将给顾客优惠的权限交到一线员工手中，能发挥巨大作用。
- **赋予责任：**让店员为各自部门的表现负责。责任能产生强烈的自尊，尤其是将责任与利润或业绩挂钩时。在服务中心，让个人或小组为顾客的满意度负责。

- **鼓励培训：**确保从兼职人员到高层管理者等所有想参加培训的人都有机会参加所有培训。积极组织厂家赞助的培训和研讨会，定期参加。这些培训通常都很有用，而且能让大家从日常工作中抽身，放松一下。一定要让高层管理者也参加这种培训，虽然他们会抱怨浪费宝贵的时间，但他们能亲身体验这些直接负责销售的产品，意义重大。这等于你在对参加培训的成员说："我重视你们，想让你们学到有用的技能。"
- **分享"好活"：**让团队成员负责一些特殊工作，尤其是那些经理们留着自己干的"好活"。
- **一起工作：**如果你期望团队勤于打扫，那么自己也要这么做。要让员工知道，打扫卫生并不意味着低人一等。走出办公室，经常去门店、呼叫中心和物流部与团队成员一起工作，这比在办公室开一周的咨询会议更有用，在场的人也会更加尊重你。
- **兼听则明：**顾客投诉时，要倾听双方当事人的陈述。如果发生在门店，那么不要当着顾客的面责备销售人员。为服务质量负责的是你，所以应该由你向顾客道歉。之后再和这个销售人员交流，如果涉及实质性问题，就要给他们寻找解决办法的机会。
- **家丑不外扬：**永远不要当众斥责同事，让他难堪。我曾经在森斯伯瑞看到一位气急败坏的经理当着顾客的面责骂一位保洁员。这位保洁员一直偷懒，但这不重要，倒是这名经理看起来像一个暴徒。这会有损门店的形象。
- **检查规则手册：**检查一下规则手册中有没有迫使员工做一些愚蠢的事情的规定，如果有，赶快删掉。
- **让其他人也发表观点：**给想主持团队会议的人一个机会，也要鼓励员工在会议上发表观点。用"三段论"的方式防止会议太激烈或太无聊：第一段确定"是什么"，第二段解释"怎么样"，第三段总结"为什么"。

- **倾听：** 倾听别人的陈述，不要打断，然后再做出判断。不明白就问，允许员工把话说完。他们感到自己被理解，就会做出更积极的回应。
- **鼓励多方反馈：** 就一些想法、意见、建议、打算、顾虑给出反馈。态度要积极诚实，方式要刨根问底。面对一个想法或问题，如果答案是肯定的，就马上实施。如果不清楚答案，就去弄清楚需要知道什么。如果答案是否定的，就要解释为什么，绝对不能只是耸耸肩表示无奈，或者说“没办法，就这样”。要经常这样做，并尽快反馈。英法零售巨头翠丰集团沿用了法国的雇用传统，而且发现它十分有效，新员工入职 3 个月后，就要向公司反馈：公司现在有哪些不足之处，以前的公司有什么优秀的文化，他们感觉在哪些方面被低估，等等。
- **让员工重新振作：** 如果你不得不责备员工，惩罚他们，或者批评他们的表现，那么之后一定要让他重新振作，回到最佳状态。相反，如果你让他们陷入一种妄自菲薄的境地，结果会很糟糕。让他们知道，你相信他们能解决当下的问题，这也是花时间讨论这个问题的前提。
- **不要诋毁别人：** 只要你在团队面前说“某人很蠢”，就是在向团队传达你对同事的消极态度，消极的言论会影响团队表现，千万别这么做！
- **认可贡献：** 除了明确地批评，也要学习明确地表扬。开始这样做真的很困难，但它是最有效的激励方法。认可不需要金钱成本，但作用明显。认可员工的表现，让员工更愿意起床工作。认可的关键就是要表达明确、随时发现随时表达，而且要“少量多次”。
- **庆祝成功：** 多花时间庆祝成功，对提升团队士气至关重要。我说的不是成功卖出一单就敲一下铃这种尴尬刻板的庆祝方式。庆祝成功是向员工说“干得漂亮”；是在每天的例会上对好人好事“小题大做”；是一起出去吃份比萨，喝杯啤酒。为攻克一个艰难的任务共同举杯的感觉很美妙，如果你能说服一家供应商来买单就更好了。大家需要知道付出这么多努力完成一件事情是有意义的。庆祝成功就是一个重要的方法，意思是："我为大家感到骄傲，我们面对挑战，共同克服了困难。"我一再强调，不要过于限制庆祝活动的预算，你会从中获益良多。

- **随时承认自己的错误：**如果你做错事了，就要正视错误，继续前进："好吧，我做错了，你怎么能帮我避免再犯？"
- **以顾客为中心：**让员工知道你尊重他们，你们都在为同一个老板（即顾客）工作，是顾客给我们发工资。在零售业中，顾客就是焦点，团队必须专注于顾客。所有行为的前提，都是让顾客愿意来消费。

快乐是非物质奖励

"非物质奖励"是统称，包含了各种有趣的事情，比如，额外的假期、一个月的新车使用权、一笔长期产品贷款、礼券、赠品和休假。非物质奖励让人激动还是让人扫兴，真的只有一线之差。希望很容易就会变成失望。很多零售商喜欢用外出旅游来激励员工，但只有一个人能得到这个奖励，这种做法更差劲。或许只有表现最佳的门店经理能去百慕大玩两个星期。

我经常会遇到一些客户，员工有数千人，他们却连续推出这种起反作用的激励措施，虽然奖金高昂，但是获奖者可能只有 5 个人。这 5 个人非常幸运。但是这种做法真正的结果是，将其他自认为不能获奖的数千人拒之门外。更糟糕的是，可能有 200 个人觉得自己有获奖的机会，得奖的却只有 5 个人，其余 195 个表现出色的人没有获奖，就会产生很强的挫败感。

采用所有的（包括现金奖励、认可、非现金奖励）奖励形式的时候，最佳的方式就是"少量多次"。"少量"表示这部分预算可使用更长时间，这样就能让更多的员工受益。这种做法能保持新鲜感，让你有更多的提高员工业绩的机会，不至于让奖励措施变得老套。

如何使用“少量”的非物质奖励才是关键。如果你是一家独立门店或网站的老板，或者连锁店经理，那么你有足够的自主权来实施自认为最有效的办法。比如，和厂家代表搞好关系，请他们来给你们做一场培训，然后带团队和他们一起吃一次印度菜。在这方面，厂家代表一般会非常配合。如果你是老板，大可自掏腰包做这些事情。在聚餐之前，顺便来一场短暂的头脑风暴，这是弥补花费的好办法。

别太夸张

运用非现金奖励的错误做法就是夸大奖励，或者不恰当地奖励。例如，员工超额完成了任务的两倍，你给了他一张 10 英镑的汉堡王代金券作为奖励，这对双方都是一种侮辱。让一个腼腆的人站在椅子上接受“优秀员工”的奖状，这种做法也是错误的。根据自己对员工的了解，对不同情况做出最佳判断，毕竟“甲之蜜糖，乙之砒霜”。给每个人买一个好玩的圣诞节礼物，在包装上手写一张“感谢”便签。你要是没时间，可以让部门主管代劳，“感谢”便签让大家知道你重视他们。大方地庆祝员工的生日、婚礼和宝宝满月，最好自己出钱，不要让大家凑份子。

尝试邀请员工的爱人一同参加社交活动。员工的爱人对于你在员工心目中的地位有很大影响。零售行业工作时间一般不固定，经常轮班，员工失去了很多陪伴家人的机会。在举办团队社交活动时，可以借机弥补，邀请员工的家人参加。

规避店内是非

如果你是一家门店的负责人，记得把别人送给你的礼物分给员工，不要独自享用。有些经理会先把这些东西收起，有的经理则直接将它们分给大家。无论采用哪种办法，都要避免以下两种做法：

- 只把这些东西给团队中最爱表现自己的员工，因为你只关注他们。
- 对某个人表现出特别的偏爱，导致别人怀疑你们私下有交情。

下面有两种好方法既公平，又能增添乐趣。

方法 1，团队投票

假设你有幸得到了别人送你的四瓶香槟、两盒比利时巧克力和一打新款 T 恤。一周前，你已经征得团队的同意，每个人提名一位应该感谢的同事。大家写下一个同事的名字以及感谢他的理由。这个活动的关键在于，没有参与活动的人不能获得任何奖励。

晚上闭店以后，你们找一家酒吧集合。大家围坐在一起，宣读这些“感谢”便签。被感谢的人能随机挑选一个信封。尽量保证该被感谢的人都得到了感谢。每个信封里面装一张写着一件礼物的纸条。

这个办法很奏效，因为团队看到你把自己的东西拿出来分享给他们。大家无比喜欢这个做法。这同样适用于连锁企业，如果你是 CEO，乐意自费让办公室新人去阿斯科特看赛马会，就明显向团队传达了你激励大家的信息。征求大家意见选出实至名归的获得者，这会让他们更专注于自己在团队中的角色。团队投票不是什么重大事情，但十分有效，争取半年进行一次，或者每季度进行一次。

方法 2，气球大战

用这种方法来分发礼物会非常热闹、充满乐趣，而且相当有竞争性和激励性。可以在门店采用这种方法，也可以在呼叫中心或跟单部进行。选择最忙的一天，在办公室里放满气球。每个气球里装几块糖果和一个小信封，信封里写上奖品名称。为了增加乐趣，我通常会在有些信封里放一张 5 英镑的钞票，或者搞笑的东西，比如一根巧克力棒。然后画一张大图表，写上所有员工的名字。

接下来，设置一项挑战。挑战内容可以是销售某个产品，或者在顾客服务调查中得一个“优”，等等。可以做离店调查，安排人员站在门店出口，手里拿着写字板收集调查结果。销售附加产品时，顾客购物小票中只要包含一个合理的附加产品，员工就得一分。“合理”是指这个附加产品是顾客愿意购买的。每个人只要完成一项挑战任务，就赢得一个气球。

你也可以向团队成员奖励随机的免费气球，尤其是那些没有积极参与销售的人。只要看到员工表现出积极的行为，就可以奖励他一个免费气球。积极行为可以包括诸如解决顾客投诉、帮助同事等。员工每赢得一个气球，就得到一张可粘贴的贴纸。你可以鼓励大家把一天得到的贴纸贴到海报上，下班时再统计。

当天门店打烊，顾客也都离店后，把所有人召集到办公室外面。在开始击破气球前，你也可以分享一些小点心，为大家加油助力。让每个得到气球的人走进办公室击破自己赢得的气球，从赢得气球最多的人开始。气球里掉落的东西归他们所有。

这个活动我举办过很多次，大家每次都很积极。如果你能在当晚组织大家出去放松一下，也相当不错。这一主题的活动形式多种多样，比如把奖品锁在柜子里，或者放在沙盒里，等等。你也可以自己设计一些形式。你可能觉得，我们作为专业人士却谈论气球大战，毫无专业性可言，但事实上这件事能发挥良好的作用。

认可和激励

这 5 个激励因素本身都具有认可的属性。给予奖励是认可，信任员工、让员工自己做决定是认可，发放奖金也是一种认可。

团队会议

你已经看到沟通、团队建设、认可、尊重和信任有多重要。完成这些工作的一个有利时机，就是每天的团队会议。建议你每天开 5 ~ 15 分钟的团队会议。当然，你也可以不这么做，但所有的顶级零售商都在这么做。如果团队从来都不聚集在一起，就很难建立团队精神。同样地，还有什么比这更好的办法来交流想法、寻找办法和分配任务呢？

所有层级的管理人员都应该每天召开团队会议，这是门店一项重要的工作，但许多在其他方面表现优秀的经理人却不具备这个技能。如果你是门店经理或者老板，现在就拿起日志，在“明天”一栏下写 5 件事，并围绕这 5 件事召开团队会议，需要讨论的事情包含以下几点。

- 服务中的问题和解决办法。
- 即将出现的情况。
- 促销活动。
- 新品上架。
- 确定特价商品。
- 回顾竞争对手的行动。
- 回顾实践新点子的最佳做法。
- 讨论激励计划。
- 回顾困难。

- 介绍新员工。
- 回顾目标和表现。
- 庆祝成功。
- 表达认可。
- 考虑改进办法（哪怕你只能做这一项，也值得开这个会）。

请每天都这么做。我的意思不是让你不停唠叨，我知道店里有不同的班次，也有兼职，你要尽量兼顾。每日会议的作用十分明显。你是领导者，应当制订好计划，回顾计划，让员工及时掌握动态，明确行动方向。

如何成为顶级零售商
Smart Retail

当下的行动

- 如实考虑，你在管理过程中如何应用这 5 个激励元素。你的强项是什么，弱项是什么？你的管理风格如何渗透进团队管理中？
- 回顾激励引发的一系列行为，制订一个计划，使之成为日常行为。
- 举办一次团队投票或气球大战活动。
- 在整个公司推行每日团队会议。

长远的战略

- 根据最佳业绩设定报酬、奖励和奖金的标准。以提高顾客满意度为战略目标，来制定这个标准。美国的集装箱商店就是一个很好的参考案例。

第 10 章

法则 3，

推动小幅、持续、出于直觉的改进

做事的方式一成不变有什么意思呢？变化不是生活唯一的乐趣，但尝试用不同的方式解决同样的问题，最终会让你找到更好的解决办法。

本章探讨要点

- 小幅改变的价值
- 收集改进的想法
- 测量固有的风险
- 改进清单
- A/B 测试

我们有改进的想法吗

想法是推动组织前进的燃料。用这些想法来做什么，如何将它们转化成行动和改进措施，则是促进组织成长的决定因素。我们很容易发现，企业的各个方面都存在改进的空间，尤其是技术、制度、形象、招聘和执行力这些方面。所有的零售商只要建立一种每天进步的文化，肯定会从中获益，但几乎没人这么做。唐·泰勒（Don Taylor）与珍妮·斯莫林·阿切尔（Jeanne Smalling Archer）合著了一本很有用的书，书名是《与沃尔玛竞争》（*Up Against the Wal-Marts*），他们在书中将这种文化称作“Kaizen”。朱利安·里彻（Julian Richer）在《里彻之道》（*The Richer Way*）中也用到了这个词。其他人也用不同的词汇表达了同样的意思。“Kaizen”是一个日语单词，意思是“所有人持续改进”，它恰当地总结了我们面对的困难。

从这个层面来讲，改进并不代表天翻地覆的变化。我们寻求的是每天细微的改进：改进我们相处的方式，改进我们与顾客的关系，改进流程的质量和关联性。你也许会发现，可以把文书工作融入其他过程之中，不用单独处理，这就是一个典型的例子。将两个流程合并既省钱又省时，这就是一项改进。将复杂的促销规则简化成让顾客受益的规则，也是一项改进。

收集改进的想法

收集改进的想法需要具备两个条件：

- 收集想法的方式。
- 在团队会议中预留讨论这些想法的时间。

如果你在每天的团队会议上只关注 1 项任务或流程，每周就会有 7 项改进，每月 30 项，每年 365 项。这个结果不可思议！也许你无法每天都这么做，但起码能在每个月进行一项重大的改进。这就很容易了。不能在一天之内改变整个世界，一次改变一点点就够了。

你目前有没有每个月都做一些改变？你每年只发生一次显著的改变吗？其实，每次进步一点点，你就能主导改变，团队就会拥有改变的强劲动力。

数据会使你盲目

很多原本明智的人认为，无法测量就无法改进。这个想法很危险，甚至是错误的，原因在于一些最有效的顾客满意度改进方法无法按照传统方式测量。结果证明，向顾客微笑是最有效的方法，能让顾客对商家产生更好的印象。你如何测量员工每天给出的微笑的数量呢？

思考一下这个例子。性生活的很多方面都可以测量。比如持续时间、身体各部位的尺寸、房间温度、心率，这些都很容易记录和测量（不过，你可能需要一个人拿一个写字板进来，替你写下这些测量数据）。但是，将这些因素加起来就能保证性生活的美妙吗？当然不能，因为还有更深层次的情绪与和谐因素，还有一种神奇的化学反应。

测量对象错误才是真正的陷阱。下面这个例子有点冷酷无情，但值得分析。一次战争中，一位美军军官注意到，每天的战斗是否能取得胜利，可以用相对伤亡率来测量，即：如果敌方的死伤人数比我们多，那我们就一定会胜利。这位军官深信这个测量方法，却没有得出一个能验证该方法正确的结果；他还创建了一系列指标，同时将领地范围、特定目标、政治和经济成本都纳入考量范围。

这位军官解释了理由，说："我们只觉得容易测量的事情很重要，其实应该只测量重要的事情。"这才是测量和零售业的相关之处。例如，单位销量很容易测量，但它并不能成为企业经营的重心，不值得大力去改进。顾客满意度很难测量，却非常重要，因为它直接关乎每天、每年的单位销量。

可口可乐：错失大片市场

20 世纪 80 年代初，百事可乐的业绩突飞猛进，让可口可乐坐立不安。百事可乐大举抢夺可口可乐的市场，其中一个数据尤其让可口可乐的高管们惶恐不安。1972 年，可口可乐的市场份额为 18%，百事可乐只有 4%；到 20 世纪 80 年代初，可口可乐的市场份额下降为 12%，百事可乐则上升到 11%。

当时，百事可乐采取了很明智的做法，发起了一项"百事挑战"，此举针对的就是可口可乐的忠实顾客。百事可乐向他们展示了两小杯可乐，一杯标记了"Q"，另一杯标记了"M"。受试者分别品尝之后，无一例外地选择了标记"M"的那杯。

它就是后来上市的百事可乐。

起初，可口可乐的研究团队试图断言百事可乐的数据有猫腻。但是，他们进行了一个相似的实验后，发现选择百事可乐的人数和选择可口可乐的人数比例分别是 53%、47%。这个结果对于市场的领导者可口可乐来说犹如晴天霹雳，相差 6 个百分点就意味着可能有数百万美元的损失。

可口可乐研究团队不敢相信实验结果，继而进行了大量的市场研究。每位调研人员带着相似的结果悻悻而归，他们认为更多人选择百事可乐说明美国人已经不再钟爱可口可乐的口感，美国人觉得曾经的“清爽”变得“苦涩”。这些受试者开始将“细腻”和“润滑”等字眼与百事可乐联系在一起，而且进一步表示，他们喜欢这些口感。

罗伊·斯托特（Roy Stout）当时是可口可乐消费者市场研究团队的主管，他认为市场份额减少与产品口感有关，他说：“如果有比对手多一倍的销售机器，有更大的陈列空间，有更多的广告投入，以及更具竞争力的价格，我们的市场份额为什么还会减少呢？看到百事挑战后，你不得不开始怀疑产品的口感。”

这个晴天霹雳驱使可口可乐的董事会做出了一项不同寻常的决策。他们决定改变可口可乐闻名遐迩的配方，来应对美国可乐市场当下发生的变化。“新可口可乐”因此诞生，口味更淡更甜，实际上，更像百事可乐的味道。

开始的盲测结果很不错，新可口可乐和百事可乐不相上下。略微调整了配方后，新可口可乐一直能领先 6% ~ 8%。董事会决定将这款新品推向市场，并进行了大规模的推广。

所有的研究结果都表明，新可口可乐会超越百事可乐。但它失败了，而且是一败涂地。数万名可口可乐的拥趸发起了抗议，新可口可乐销售乏力。总而言之，可口可乐公司被迫灰头土脸地做出妥协，重启了原始配方，命名为“经典可口可乐”，不久之后，新可口可乐全面退市。

为什么会这样？事后看来，二者的差别很明显。可口可乐有很重的柑橘味，百事可乐更偏向于葡萄干、香草味。要是只喝一两口，可口可乐入口刺激，口感浓烈；百事可乐入口则更淡更甜，口感更柔和润滑。

但是喝完一整罐后，各自的口感就发生了彻底的变化。不同点在于喝可口可乐的人喜欢喝完整罐的口感，但完全不喜欢开始的那一两口。他们进行盲测时，喜欢百事可乐入口时的感觉，但继续喝完一整罐后，就受不了那种甜腻了。

新可口可乐是一个绝佳的例证，说明可口可乐公司过于注重数据，同时忽视了直觉和情感。那么，可口可乐市场份额下滑的真正原因是什么？

大家普遍认为，可口可乐的营销对象是随着可口可乐一起成长的那些人，它没有抓住时尚的年轻一代可乐消费者，而百事可乐特别擅长与他们打交道。可口可乐的顾客逐渐流失，这批人慢慢变得更喜欢喝咖啡，再转向喝矿泉水；而百事可乐的顾客依然津津有味地品尝着“新一代的选择”。

我不是完全否定数据化管理，但是类似可口可乐的案例足以说明，忽略情感语境就无法掌握完整的信息。①

① 案例中的数据和背景信息来源于马尔科姆·格拉德威尔（Malcolm Gladwell）的著作《眨眼之间》（*Blink*）。

跟随直觉

运用直觉，针对你无法给出数据的流程、任务和互动实施改进。建议你更加重视直觉的力量。直觉不会随意产生，它是一种指引，一种本能，能为你指明也许正确的方向，它也是理智的，告诉你什么不能做；但它需要调整。本书的目的，就是帮你区分正确的直觉判断和其他类似恐惧与懒惰的情感因素。

行为科学现在开始转变，认为直觉是一种真实、重要的事情。近期有大量可靠的研究表明，相比依据经验和知识仔细计算，我们更多时候是跟随直觉做决定的，随着自身经验和知识的不断丰富，直觉也更加准确。你可以把直觉当成一种有效的商业武器，一种你独有的武器。此外，你有必要再细读一下丹尼尔·卡尼曼的《思考，快与慢》中的相关内容。

努力改进

让我们每次进步一点点。除了在团队会议上讨论改进办法，你还需要创造让团队敢于尝试和提出建议的环境。如果你听到建议后的反应是“我愿意改变，但是……”或者“我看不到它有什么作用”，那么员工很快就不会再去尝试和提出建议。同样，如果员工觉得犯错后可能会遭受惩罚，所有人都会因为害怕惩罚而止步不前。

要建立一种改进文化。允许员工质疑你的工作方式，你会受益匪浅。让改进成为一种日常行为：小幅多次，不断改进。你和顾客都会逐渐感受到这些改进为你的品牌带来的巨大变化。

改进的空间

优秀的零售商不会因为成功而故步自封。他们努力保持增长的势头，不断进步。这种每天细微的改进，也能像重大改革一样发挥作用，推动公司的成长。

下面是一些关于改进的分类，你肯定能从中找到改进的机会。这些建议，都是经过筛选的，融合了现实中的点子，能指引你正确看待自己的想法。你可以从中挑选不同的主题，在每天的团队会议上讨论，让团队根据这个主题提出一些建议。

关于顾客的改进

- 站在顾客的角度考虑问题。
- 鼓励顾客表达他们的不满，这是最经济实惠的调查方法。
- 真诚倾听顾客的表达。
- 研究使用 App、访问网站以及到店消费的顾客类型，你忽略了哪些潜在消费人群？
- 询问顾客喜欢竞争对手的哪些方面。
- 随时与顾客沟通，并要求员工在每次团队会议上向你报告顾客的反馈。
- 致力于提高平均客单价。
- 多用眼神进行交流，尝试将其应用到虚拟空间。
- 定期以顾客的身份体验自己的门店或网站。
- 联系之前的顾客，询问他们为什么离你而去。
- 使用社交媒体与顾客交流，因为它直接有效，还省钱。
- 如果你正在处理顾客投诉，询问他们你的服务该如何改进。
- 记住顾客的姓名。
- 仔细思考如何合理定价。

- 赠送顾客他们喜欢的东西。
- 思考能在哪方面提高顾客体验的附加值？
- 你能确保每天在哪些方面有所改进？
- 发布调查问卷来收集意见。
- 罗列顾客前来购物的好处，并且让顾客知晓。
- 你需要借鉴别人的哪些长处？
- 列举出公司能经常让顾客感到快乐的事情，然后思考如何多做这些事情。
- 以身作则。
- 写下直接面对顾客的交流全过程。
- 写下不直接面对顾客的交流全过程，将每个细节都记录下来。
- 开放所有方便顾客反馈的途径，比如网络、意见箱、收银小票调查、电话回访等。
- 新产品上市前，先进行顾客调查，获得反馈。
- 请顾客告诉你需要改进的地方。
- 请顾客告诉你门店吸引他们的地方。

关于零售商的改进

- 加入商业组织，比如街道或购物中心的顾问委员会或商会。
- 和你周边的商家交流。
- 询问员工对你管理风格的看法，以开放的心态聆听。
- 向职位高的人学习，也向职位低的人学习。
- 寻找优秀零售商的案例，从中学习经验。
- 在所有你能找到的网上资源中注册账号，很多优秀的零售商都有推特账号。我的账号是 @TheseRetailDays。看一下我关注了哪些人，你也可以关注他们，从而发现有用的资源。
- 订阅《零售周刊》（*Retail Week*），掌握行业动态：他们为什么做这个决定，X 公司为什么兴旺？ Y 公司为什么衰败？

- 业余做哪些事情可能有助于工作？
- 如实罗列你的优势。
- 如实罗列你的劣势。
- 参加学习课程。
- 刚开始时，参加所有的培训和研讨会，参加得越多，就越容易分辨哪些会在将来有用。
- 制定日常目标和年度目标，这个做法看起来似乎有点老套，但从这些目标中可以看出你需要在哪些方面重点努力。
- 多听少说。
- 不要闭目塞听。
- 经常购物，顾客做什么，你就做什么。
- 阅读行业刊物。
- 向竞争对手学习。
- 保持标准。
- 淘汰唯命是从的人，网罗能够挑战和启发你的人。
- 如果你是门店的负责人，任命一位诚实能干的经理助理，他们会很快告诉你哪里有改进的空间。
- 提高生活与工作的平衡性：你负责让别人购物的过程充满乐趣。尝试多按这种方式思考。

关于员工的改进

- 奖励改进工作的人。
- 从团队的角度考虑问题。
- 不要为员工对新事物、新方法的尝试而抓狂。
- 让员工自主思考，允许他们自行改进。

- 鼓励不断地交流，随时开放所有的反馈渠道。
- 让员工看改进清单。
- 给员工买这本书作为礼物。记住包装得精美一点，也得给你的父亲和所有的朋友买一本。
- 认可员工的贡献。
- 不要剥削员工。
- 永远不要当着任何人的面批评员工。
- 基于信任和尊重建立一种优秀的文化。
- 只要你觉得员工让你感到骄傲，就告诉他们。
- 查看岗位描述中有没有术语连篇、令人费解的话？如果有，用简单易懂的语言重写。
- 与员工建立友谊，但千万别忘记你是老板，保持自己的立场。
- 鼓励团队坦承自己的错误。
- 一定要经常庆祝成功。
- 有人情味，如果某位员工遭遇生活危机，就帮助他渡过难关。
- 分享经营数据，把你掌握的数据全部告诉团队。
- 根据利润分发奖金。
- 根据服务水平分发奖金。
- 每天来上班时保持微笑，哪怕你不想笑。
- 确保每个员工都知道所有能参加的课程和研讨会。
- 预留培训资金。
- 让表现出色的员工参加你参加过的培训课程，把培训当作一种奖励。
- 给出明确指示。
- 促销员、社交媒体专员和呼叫中心的员工离顾客最近，倾听他们对顾客的看法。
- 挑战和鼓励员工挑战自我。

- 以身作则。
- 让员工知道，最佳的做事方法是思考解决办法，而不是纠结。
- 让团队参与所有的重大决定。
- 帮助员工理解是顾客给他们发工资，而不是你。
- 定期举办一对一的评价，认真聆听员工对你、公司和团队的看法。
- 每天都开团队会议，15 分钟即可，不要浪费时间。

A/B 测试

网络零售依然处于野蛮发展时期，没有人真正知道全部的规则。就算是亚马逊，也不敢夸下海口。亚马逊从未停下探索的脚步，从不满足于现状，尽管只有它在以对的方式做事。亚马逊实际上广泛地使用了一种名为 A/B 测试的技术，你也应该使用。

A/B 测试是对现有的网页制作多个版本进行测试的方法。简而言之，顾客 X 看到的可能是版本 A，顾客 Y 看到的可能是版本 B。利用这种方法，可以让同一顾客访问微调过的不同版本，也可以针对不同的顾客群体、不同地区、不同类型进行测试，只要是有用的群组指标，都可以测试。在这种测试过程中，你能很快发现，只要页面元素发生变化，顾客行为就随之变化。

测试对象可以是小小的一个按钮，也可以是整个页面设计以及中间的各种节点。如果你的公司颇具规模，那么 IT 团队肯定对这个方法已经烂熟于心。哪怕你的公司规模不大，甚至是一次性交易，也能进行 A/B 测试，而且花费不多。有很多第三方咨询公司和平台会为你提供这项服务。

线下测试

实体门店也可以进行 A/B 测试，但不常用。在几家门店，选定一个区域进行测试，比如入口。在 3 家门店测试变量 A，再另外选取 3 家相似的门店。然后将 3 家测试门店恢复原样，在 3 家参照门店中测试变量 A。比如测试客流量、转化率和客单价（你应该经常测试这些小的变量），然后将测试结果应用到更多的门店。为了让测试过程变得简单，就要保证设计和装修团队在开发新店的时候已经考虑了模块化装置。模块化装置意味着你能以低成本和低风险随意组合。

A/B 测试的黄金法则

A/B 测试有一条很明显的黄金法则：只有每次只测试一个变量，A/B 测试才会有效。如果每次测试多个变量，那么你如何知道哪个变量是有效的呢？更糟糕的是，一个变量可能成功，其他变量失败，但你只会看到失败的变量。所以，最好一次只改变网页色调、点击按钮和互动系统这三者中的一个属性。当然，你在网上可以同时分开测试很多不同的变量：假设有 10 000 个访客，2 000 个访客看到的是原始版本，2 000 个访客看到的是版本 1，2 000 个访客看到的是版本 2，诸如此类。

要解释实体门店中的变量是什么，有点复杂。POS 机的某个属性能作为一个测试变量吗？整体显示效果算是一个变量吗？我倾向于认为，在实体门店中，一个整体属性可以作为一个变量，比如，全部改变某个型号 POS 机的颜色，或者改变某个显示部件。

如何成为顶级零售商
Smart Retail

当下的行动

- 将改进加入团队会议的议程。
- 回顾需要改进的方面。首先，选出 5 个方面，在本月改进。然后，找出应该在当年改进的方面。

长远的战略

- 回顾主要的 KPI 考核指标，确保它们与改进顾客体验一致。
- 找出 5 个可进行 A/B 测试的对象。

Smart Retail winning ideas and strategies from the most successful retailers in the world

第 11 章

法则 4，

着眼顾客体验，营造双赢局面

顾客服务被认为是一种附加价值，但它不是，它是新时代零售业的基本共识。

本章探讨要点

- 出色的顾客体验来自哪里
- 提高绩效的 4 条准则
- 提高平均客单价为什么是最佳的改进策略

让顾客喜欢在这里购物

无论是线上零售还是线下零售，都应尽可能给顾客最佳的购物体验，这样你才能赚钱。当然，关注成本控制、定价、利润等事情也是正确的。但是零售业中所有行为的出发点都是顾客：他们对零售商的印象，他们进店的需求以及零售商如何满足这些需求。让顾客离店时，或者离开网站时，脸上带着满意的笑容，这个笑容一直持续到回家开始使用新买的东西，这绝对就是你的第一要务。我们如何让顾客脸上带着笑容？

出色的顾客服务

我经常解释顾客服务不是附加行为，作为零售商，你的一举一动都决定着服务质量。“体验”很重要，出色的顾客服务由很多单独的顾客体验构成。相对于“服务”，我更愿意使用“体验”。我认为，如果你从个体的层面考虑，就很容易理解：我能为每位顾客做什么？我如何让他们在这里有美好独特的体验？不过，提到服务，你可能会觉得摸不着头脑，你觉得它很平常，没有特别之处。

首先，值得讨论一下，为什么大多数旨在提高服务质量的新方案最终失败了。营销团队看到他们的任务列表中有一条是“让顾客重新喜爱我们”，就会聘请一个机构来为员工打造一些服务项目。然后，他们兴致勃勃地将这些项目在公司宣传，在门店推广，并且对员工说：“公司要求你们友好地向顾客微笑，成为他们的朋友，喜欢他们，这样他们就会喜欢我们。”

通常，这些一次性的项目初期确实会大幅提高客户满意度，但这些成果维持不了多久，就会迅速消失，紧接着，一切都恢复原样。这是因为，焦点总是在不断变化。无论零售商想要提高顾客服务质量的决心多么坚定，总是会有其他问题萦绕在管理层和团队的心头。

要持久改进顾客服务水平，就必须从基层员工开始，因为你无法在不稳定的基础上，用只解决表面问题的方法实现改变。从基层开始改变并不容易，但最终会取得更满意的成果，因为这些成果会自我维持，变得持久。以节食减肥为例。速效节食减肥会立刻让体重下降，但停止节食后，体重立刻就会反弹。改变饮食习惯、寻求帮助、改变对食物的态度、学习营养知识等方法不会立刻见效，但大多数情况下，减肥效果会自我维持，持久稳定。

“自我维持”才是关键。这说明，只有员工的行为和关系发生根本改变，促使他们想提供更佳的顾客体验，改变才能成为一件积极的事情。员工获得了更好的工作体验，顾客获得了更佳的购物体验。这些改变会形成一个互相强化的良性循环：

更快乐的员工→更佳的顾客体验→更快乐的顾客→与员工更好地交流→更快乐的员工……依次循环。

这个循环能进一步提升销售额与利润，降低员工的流失率，降低招聘成本。这绝对是双赢的局面。

如何打造出色的顾客体验

你可以采取很多办法来打造出色的顾客体验，让顾客心满意足地完成购物。这些办法必须与零售增长的 7 个策略结合起来，因为这些策略中涵盖了很多打造服务体验的内容，是创造美好体验的基础。

- **员工满意度**。我之前已经谈到过这一点，不过还是值得再说一遍：书中有关团队的章节讲了实际的操作方法。要让团队营造出更佳的体验，最有效的方式就是提高员工满意度。根据顾客满意度得分给予奖励也非常有效。它有助于团队将顾客的体验与自己的收入建立直接联系。
- **简单化**。要让顾客觉得简单明了。促销活动要易于理解、便于操作，广告词和宣传语要简单易懂，并且写清楚活动规则。不要让促销活动变成噱头，要真实有效。
- **兑现蓝图的承诺**。无论蓝图是什么，它都是对顾客的一种承诺，你要言行一致。如果顾客带着对你的某种期望而来，那你就要真的能实现这种期望，而且要不断采取相应的措施来兑现你的承诺。
- **满足基本的探索需求**。所有的购物都关乎探索，所以要为顾客营造一种探索的氛围，启发他们，让他们感到惊喜和兴奋。对员工满怀自豪，在众多才华出众的员工中培养"英雄"，最重要的是要让员工充分了解产品，亲自使用产品，虚心倾听顾客的真实需求，然后找到好的方法满足这些需求。对于在线上和线下大力宣扬明星产品，网站要有便捷的访问入口，展示页面要美观大方，避免带插图的网格列表。
- **始终如一**。确保团队每天都处于最佳状态，确保你始终处于最佳状态。公司上下要保证每一家门店、每一个网站、每次通过 App 下单的体验都是出色的。当研究顾客喜好时，一致性似乎是最重要的。

- **直接解决问题**。每个人都可能会在某一天受邀参加《监察员》（*Watch Dog*）这档节目，面对主播安妮·罗宾逊（Anne Robinson）好奇的眼神，看着她口若悬河地说我们是魔鬼的化身。世界本来就是这样的，但我们要接受是人都会犯错这个事实，然后坦然面对，立刻彻底改正错误，这样就能降低犯错的概率。
- **反馈**。为顾客提供便捷的反馈渠道，对提高服务质量相当重要。如果你还没有设置方便顾客投诉的流程，那就设置一个。让顾客参与服务质量的问卷调查，填完后返给你。为他们提供预备好的信封，方便匿名参与。公布你的邮箱，关注社交媒体的言论。鼓励顾客进行投诉，把投诉当作免费的市场调查。有的顾客会愤怒，大声责骂，但是几乎每一个投诉讲的都是事实，你了解之后，有助于着手改善。此外，顾客向你投诉，你解决了他们投诉的问题，要比让他们在朋友面前诉说好得多。社交媒体上的投诉是公开的，所以你要尽早回应，大度果断。有很多现成的开放工具，能帮助你收集社交媒体上的有关言论，这有助于你判断舆论是正面的还是负面的。
- **诚实开放**。如果你不知道某件事情的答案，那就说不知道，然后找到答案。随时承认自己的错误，让团队和顾客一起来解决问题，改善经营状况。在所有情形中都保持开放的态度。确保你建立的文化能让员工像你一样，敢于承认错误，承认需要帮助，这样顾客就会受益。
- **不要设置提成**。要是按照销售额给员工提成，有些员工就会宰客，尤其是在门店内。道理很简单，这是人的本性。服务出色的公司，都是综合顾客满意度与门店整体利润给员工发放奖金。你也可以大方一点，给一线员工较高的工资。美国顾客满意度最高、顾客体验最好的零售商莫过于集装箱商店："我们的销售人员不是为了提成工作。他们的固定工资或者时薪远高于零售行业平均水平。因此，他们会团结协作，为顾客提供最好的服务，根据需要不遗余力地帮助顾客。”这种做法充满智慧。

- **微笑友好**。我不是说让你露出 8 颗牙齿假笑，而是说在面对团队和顾客时先别想自己的问题，而应专注地与顾客交流，享受他们的陪伴。你应该庆幸不是每天待在办公室里面对同样的脸，时刻惦记着是不是轮到你泡茶了。零售业就是如此特殊。相比遇到一个小气或无理的顾客，你会遇到一百个有趣的顾客，他们喜欢购物。购物是一种乐趣。你也要自得其乐，管理好情绪。
- **你尊重员工，员工就尊重顾客**。希望别人如何对待你，就如何对待别人。善待他人，尊重他人，不要疑心，时刻牢记员工都是成年人。你尊重员工，员工就会尊重顾客。
- **时刻牢记**。你做的每个决定必须以满足顾客需求为前提。你聘用的人，一定要是你认为能为顾客提供出色服务的人；你选择的每个流程、每个促销活动、每个项目一定要为顾客的利益和体验着想。营造出色的顾客体验不是附加活动，它是唯一的活动。本书整体强调的就是提供优质的顾客服务。

提高绩效的 4 条准则

接下来，思考为什么要致力于营造出色的顾客体验。因为我们想赚更多的钱。如果你不同意这个观点，那说明你听了太多新时代顾问的言论，他们会快速地破坏你的事业。我们一直寻求提高绩效的方法，但是绩效从何而来?

提高绩效没有秘诀，所有的方法都能学会。提高绩效其实就是把细节做到位，关注基本面，保证方向正确。

提高绩效的准则十分简单，并且只有 4 条：

- 开发新顾客。
- 提高客单价。
- 留住老顾客。
- 开源节流，提高利润。

提高绩效不像造火箭那么复杂。我们面临的挑战是如何有效应用这些准则。本书将帮助你应用这些准则来服务顾客，产生直接的结果。要想成功应用这些准则，员工、网站和门店都是不可或缺的部分，但最重要的还是你直接面向顾客的行为。

如果一定要从这 4 条准则里选出一条，我会选择第 2 条：提高客单价。提高客单价就是将每次的销售额最大化，它本身就属于经营哲学，有非常强大的作用。充分满足每位到访顾客的需求绝对是你的第一要务。

提高客单价就是将机会最大化

我在前文提到的工具将有助于提高平均客单价。下文简单回顾其中几点。

员工

当你权衡战略时，一定不能只考虑预算。21 世纪初，很多实体零售商砍掉了大笔人力支出，不料却发现几乎完全砍掉了到店购物的奖励部分，但为时已晚。随着互联网的出现，奖励因素直接关乎他们的生死存亡。没有优秀的员工创造优秀的顾客体验，就是在画地为牢，让顾客觉得你只能满足他们的日常需求。

提高绩效的第一个有用建议是：出色的购物体验让顾客愿意消费。顾客如果信任你，享受购物的过程，那么当他们购买了 A 产品后，你向他们推荐相关的 B 产品，他们会更乐于接受你的建议。

生成解决方案

恰当的建议有很大的影响力，回想一下集装箱商店是如何为顾客找到解决办法，从而更好地解决问题的。你的员工，不只是门店员工，还包括社交账号、呼叫中心以及服务台的员工，他们能找到为购物过程增加价值的方法吗？我敢肯定他们能找到。集装箱商店发现，店员与顾客交谈时，顾客平均会购买 8 种产品，但他们自助购物时，只购买一两种产品。不要忘了，集装箱商店之所以能取得目前的成绩，是因为它向员工支付更高的薪水，进行深入的培训，尊重他们，根据顾客满意度和销售利润给予员工奖励。

生成解决方案的意思是，面对一种商品，思考如何用它满足顾客的不同需求状态。如果与同品类的其他商品一起使用或搭配，它是最佳选择吗？员工应该推荐有助于提高整体效率、效果或者乐趣的配件吗？

同时，仔细考虑销售流程或者线上推广的重点，思考它们是如何引发顾客的兴趣的。如果面对一款很难卖或者很难搭配其他商品的商品，那你就需要重新考虑。我最近在研究一个客户的销售流程，他主推一款很棒的主打护肤品，但它只是套装里的一个商品，套装中还包括香水、化妆品和保养品。我们发现，顾客购买了这款主打产品后，很难再接受推荐的其他产品，而且还有其他问题，其中一个问题比较明显：这款主打产品要比其他所有相关产品至少便宜 2 英镑。美妆行业一向是主打产品搭配其他相关产品销售，所以我们要么挑战这个公认的观念，要么改变定价。因为，说服顾客花 8 英镑购买一个产品很容易，但是要让他再花 10 英镑买一个相关商品，然后再花

12.5 英镑买另一个相关商品，在心理上太难接受了。这两个价格比主打产品的 8 英镑更高。

毗邻陈列

毗邻陈列的意义重大。正确的毗邻陈列不是一门科学，而是一门艺术。实地体验这种艺术的最佳场所就是宜家。宜家的每一个样板间都设置了专门的空间，展示不同的小物件，所有出现在样板间里的东西，会再一次出现在卖场，从而加深顾客对它的印象。毗邻陈列搭配使用的产品，在主打产品的旁边，堆叠陈列价格低廉的冲动型相关商品。

定价

宜家热衷于使用整数来定价，我也如此。不过威廉·庞德斯通（William Pund'stone）在关于定价的畅销书《无价》(*Priceless*）[①]中表达了不同的观点。我之所以提到庞德斯通，是因为他的书对零售商来说是必读书，但关于定价的观点我们与他有些分歧。他想通过测试来证明以 .99 结尾的定价策略是正确的，但他只观察了单个商品的测试结果。我认为消费者考虑购买多个商品时，大脑的思维方式是不同的。我认为整数定价计算起来更简单，顾客很快就能算出当时的消费总额。

一件 7 英镑的商品和一件 3 英镑的商品，总价是 10 英镑。它不仅是一个容易理解的数字，而且是一种常见的钞票面额。即便我们使用电子支付，金额也很直观，便于决定。

① 简体中文版已由湛庐文化策划、北京联合出版有限公司出版。——编者注

庞德斯通的研究想要证明，当我们看见一件标价 6.99 英镑的商品时，会认为它是 6 英镑，而不是 7 英镑。同时购买一件 6.99 英镑的商品与一件 2.99 英镑的商品，总价也很难计算。虽然只需要几秒钟就能算出总价是 9.98 英镑，但是你得精确地计算。更糟糕的是，9.98 英镑比 10 英镑复杂、不好记。

英国音乐零售商 Fopp 采用毗邻成列与整数定价的方法，有效提高了平均客单价，顾客单次购买的商品种类一般会在两个以上。不过它在错误的时机过度扩张，致使其陷入了困境。它的销售方式会让你最终花一整张钞票：两张 5 英镑的 CD 正好是 10 英镑；或者你拿着一张 7 英镑的 CD 走到收银台，发现眼前有一件 3 英镑的特价商品，如果也买了它不仅是捡便宜，而且正好凑成 10 英镑，消费金额很直观。后来 Fopp 重新开始恢复活力，还在牛津开了新店，让人欣喜。

我们现在都知道面值是整数的钞票是多少钱，而且很容易计算它的累加数或倍数。这对于顾客购物时有很重要的心理作用。

精选品类，让选择简单

帮助顾客找到满足他们需求状态的最佳产品很重要，而且会引发顾客的冲动消费。不要在收银线堆满产品，而要挑选出少量的产品，便于顾客购物结束时顺手一起购买。

叫卖促销

对于数量有限、应季款式等易于售罄的商品，可通过叫卖进行促销。商品信息必须是真实的，而且商品要有明显的实用价值。

当下的行动

- 回顾改进顾客服务的事项清单。罗列出已经改进完成的事项。寻找机会将公司某个部门的好方法向其他部门推行。寻找不足之处，思考如何弥补。
- 罗列出在提高绩效的 4 个法则中，你目前采取的相应措施。

长远的战略

- 借鉴文中提到的方法，发起一项提高平均客单价的项目。
- 回顾所有改进顾客服务的倡议和项目，无论是现行的，还是近期完成的。回顾本章提到的方法。这些项目有助于改变文化，从而持久改进顾客体验吗？如果答案是否定的，考虑委托专业团队从根本上改变文化。

Smart Retail winning ideas and strategies from the most successful retailers in the world

第 12 章

法则 5，

诚实定价 + 真正的特价

“他只看价格，不看价值。”

本章探讨要点

- 诚实定价的好处
- 真正溢价的来源
- 特价商品的显著作用

选择正在减少

你在大学可能读了很多有关定价策略的书籍。罗杰·考克斯（Roger Cox）与保罗·布里顿（Paul Brittain）在《零售》（*Retailing：An Introduction*）中提到很多定价策略：成本导向定价法、需求导向定价法、竞争导向定价法以及综合了这 3 种方法的多级定价法。根据不同的情况，采用不同的定价方法发挥各自的作用。在互联网出现之前，难以进行比价，每种方法都有其用武之地。

但是，现在只有一种定价策略极有意义，我称之为诚实定价。这是一个通过定价反映摩擦、奖励和价值的过程。如果两件 T 恤的含棉量、裁剪工艺、款式和图案都相同，其中一件的价格是另一件的两倍，那一定有一个恰当的溢价理由。这个理由必须是购买并拥有这件 T 恤，满足其需求状态带来的奖励。这个奖励可以是品牌，也可以是美妙的营销元素，但溢价必须真实有据，纸是包不住火的。这就是为什么时尚品牌保罗·史密斯（Paul Smith）与泰德·贝克（Ted Baker）现在屹立不倒，而那些没有内涵却售价高昂的时尚品牌火得快，消失得也快。

此外，仅仅是低价还不够，还得考虑摩擦。顾客很少愿意费力地讨价还价，除非购物过程充满乐趣，或者奖励丰富。所以，那些曾经简陋的 10 元店和廉价食品店，现在必须干净卫生、陈列美观、注重品质，即完美地平衡摩擦与奖励。在品质方面，可以参考阿尔迪、Netto 和利德尔。

我喜欢廉价商店。英国出现了新式的廉价商店和零售商，都相当不错。它们既有趣又实在，销售的商品深受大家喜爱，而且店面装修也很美观，交通方便，还有停车场。这是另一种形式的诚实定价。

所以，诚实定价可以看作是一种结合摩擦 / 奖励指数，保留合理利润空间的定价方法。它既不代表廉价，也不代表溢价，而是一种可以计算变量的方法，能让你从诚实的规则出发选择低价、溢价或者介于二者之间的价格。

顶级零售商的策略 Smart Retail

约翰-路易斯合伙公司：诚实定价

约翰 - 路易斯合伙公司就是诚实定价的典型代表，它在顾客心中的形象不是廉价，而是诚信，顾客觉得物有所值。约翰 - 路易斯合伙公司做出价格承诺，它有一句口号是“绝不故意低价销售”，这很容易被误解为价格定位。约翰 - 路易斯合伙公司自 1925 年成立以来，就一直奉行这句口号。这句口号或许是英国最有名的零售格言，它表达的意思很简单：我们尽量保证始终以公平的价格销售商品。它代表的是诚信，而不是去寻找最便宜的货源。

成本均衡时代（cost-equalisation era）即将到来，诚实定价已经在互联网上和卖场中大行其道。没有哪个零售商能够在提高价格的同时却不提高奖励。

顾客不会接受这种做法。不过，溢价的空间依然存在，溢价空间与高水平的奖励密不可分。

巴塔哥尼亚：可持续性溢价

巴塔哥尼亚位于波士顿的门店由红砖砌成，外观看起来十分漂亮，内部装潢也很优雅，体现了一种历史感与活力，我非常喜欢。当我第一次看到店里的服装时，甚是惊讶。之前，我只知道它的“无声”运动（滑雪、登山、冲浪等运动）服装品质出众，有很强的环保性和可持续性，日常服饰科技含量高，但这些服装看起来普通而昂贵。不过，吊牌上面却写着“××制造”。我的成见立刻油然而生，这些服装应该是在廉价劳动力的情况下生产的，成本较低。

于是，我挑了一件衬衫去问店员，这件衬衫怎么能标价80美元。他耐心地解释，他说理解我的顾虑，然后讲述了这家特别的制造工厂：它加入了公平劳动协会，为职工子弟修建学校，工作环境舒适，工资合理。他接着告诉我，巴塔哥尼亚杜绝化学成分超标的棉花，采用有机棉，努力提高每件产品的耐久性。他微笑着证明了溢价的价值，我突然觉得来此消费的奖励要比我意识到的高很多。通过购买这家公司的商品，我就能支持体贴消费（considerate consumption），而且感觉这次购物更好地满足了我的需求状态。

我也欣赏巴塔哥尼亚的现实主义精神。公司没有宣称自己的经营完全是可持续的，没有一丁点纰漏。实际上，它甚至在官网上公开承认：“我们不能将巴塔哥尼亚当作负责任公司的榜样。我们还没有完全做到负责任，我们了解的其他公司也没有。但我们开始意识到了自身肩负的环境责任和社会责任，并且开始为之行动。就像人类生活中的其他事一样，只能一步一步来。”

这种诚实的作风让顾客感觉自己是肩负环境责任与社会责任的一分子，感觉巴塔哥尼亚真实而有吸引力。这段话的意思是，我们并不完美，不过我们正在努力变得更好。这种做法让巴塔哥尼亚赢得了信赖与赞誉。

巴塔哥尼亚的溢价离不开高水平的奖励，其奖励远远超过了上文提到的那些。服装采用高科技面料的优点很明显，以此形成了一种理念：购买这些产品是一种环保可持续的选择。

此外，我强烈推荐你浏览巴塔哥尼亚的网站。它淋漓尽致地体现了精选品类、引导购物的特色。页面布局巧妙美观，产品形象独特，详情页描述别出心裁，既非常吸引人，又体现出了商业意图。每一个产品页面都展示了相关工厂的图片和信息，让顾客放心并觉得这个产品更贴心、更完整。

开启特价促销

零售商有时对特价商品不屑一顾，“今日特价”对我们没什么诱惑力，但顾客都喜欢特价商品，无论贫富。顾客买到特价商品，就相当于占了商家的便宜。就像麦克斯折扣店曾经说的，“特价让人兴奋”，我们曾经兴奋过吗？！

奇迹街（Miracle Mile）是芝加哥著名的商圈，历史悠久。我在这里闲逛，走进一家诺德斯特龙（Nordstrom）百货店，店里十分安静，我想我要是进去就会打破沉静的氛围。随后我就离开了，在街区转了一圈，走到另一个廉价商品卖场的入口，它是诺德斯特龙模仿麦克斯折扣店开设的特卖场。我乘着扶梯一路向上，在楼下就能隐约听见嘈杂的喧闹声。随着扶梯的上升，嘈杂声越来越大。我到达楼上后，快被吵闹声淹没了。一群人正在热火朝天地抢购一款品牌服装。大家都疯狂地喊着："你得给我打折！"人群中既有穿着运动装的年轻人，也有穿着名牌的中年人和中产阶级，大家在这里都是平等的。这个现象很有趣，说明特价商品背后一定隐含着有趣的心理因素。

2007 年，我收到了爱尔兰图书零售商林恩·丹尼（Lyn Denny）的一则短信。他高兴地说："我在爱尔兰开了一家小书店，已经开了一年，经营得不错。我在 9 月份买了你的书，还没有从头开始看，就立刻设置了特价区。自此，特价区就成了店里销量最高的区域。我们很高兴，顾客也很高兴。"林恩的书店不是低档的折扣店，在高度重视文学的爱尔兰，他的书店是高雅的场所。人们喜爱特价商品，特价几乎在任何商店都会发挥作用。时至今日，林恩热情洋溢、鼓舞人心的书店生意依然蒸蒸日上。

我猜测，我们对特价商品感到为难的原因在于，特价商品很难把握。它们的本质（清仓、甩卖）决定了它们是短暂的，它们是断码、过季、有瑕疵的商品等因素也导致了它们只是短期的。对于特价商品，零售商需要格外留意上述细节，顾客需要特别细心，品类经理需要具有更强的商业敏感性。

整合特价商品是一项艰难的工作。你必须别出心裁，掌握库存，快速行动。这项工作是有价值的，它会促使顾客前来消费。遵循诚实定价规则的同时实行真正的特价，既能提高你的声誉，也能提高销量。特价商品让你拥有竞争优势，因为它们是顾客奖励的一部分。

消费的代价

既然本章的主题是定价，那就正好讨论一下价格驱动型消费狂潮的另一面吧。我成长于 20 世纪七八十年代，当时的社会普遍认为消费无论如何都会永远持续下去。20 世纪 70 年代初，我年龄太小，感受不到石油危机的影响。因此在 90 年代末，当环境问题开始颠覆主流认知时，我没能真正理解。近 20 多年来，像我这样的人不得不面对事实：如果我们不断开采资源，那么我们所赖以生存的这个蓝色星球将会消亡。

零售商处于消费的前列，得慎重地思考一些问题。我深信，创造财富是一种造福世界的力量。我相信，我们需要创造财富、分享财富、互相帮助和提高生活水平，我们也按照这种方式培养了顾客的消费能力。

那么，消费如何与可持续性的需求保持一致呢？成为世界上最大的雇主之一，让每个人都拥有机会和尊严，能够挣一份体面的工资，就是一个良好的开始。零售业一直以来都扮演了这样的角色，结果证明，那些尊重员工、帮助员工实现自我价值的零售商，就是受顾客欢迎的零售商。顾客可持续生活的意识逐渐增强，继而引发一种变革，越来越多的人选择了环保型的零售商。

零售业真的十分擅长改变思想，影响消费行为。我认为，思维超前的零售商甚至能够更快促使顾客转向真正的可持续性消费。为什么要等消费趋势和政府政策来推动我们呢？我们应该自己来推动这个转变，因为这样做不仅体现人文关怀，还可以促进企业的成长。

采取这些行动既对社区有利，也对社会有利。当然，常规宣传必不可少。要仔细选择定位，传达理念，最重要的是要名副其实，否则就面临被质疑“徒有虚名”的风险。

全食超市：做正确的事

全食超市是一家创新食品零售商。在它创立初期，发生了一个重要事件。这个事件为它奠定了基础，从此它将自己看作所服务社区的一部分。1981 年，一场洪水席卷了得克萨斯州奥斯汀市，全食超市当时唯一的一家门店被洪水淹没，损失超过 40 万美元，而且它没有保险，面临着破产倒闭。令人惊讶的是，顾客和邻居自发组织起来，和超市员工一起清理现场，重修门店。全食超市的债权人与供应商也伸出援手帮助它。不到一个月，这家门店就恢复营业了。虽然这些人中有很多没有在全食超市工作，也与它没有财务关系，他们却感觉，全食超市的成功有他们的一份贡献。

从创立之初，全食超市就提出了清晰的理念：销售的食品必须安全可靠；相对于大规模生产模式，优先选择本地供应商；让员工和当地社区深度参与推动公司发展的决策过程。全食超市用一句时髦的话总结了企业的价值观：“全食，全人类，全地球。”

全食超市的独特之处在于，它在做正确的事与赚钱之间建立了正向的直接联系。例如：全食超市会为在社区做志愿服务的员工提供经济支持，它知道这样做会给员工和社区都带来好处。它也知道，快乐积极的员工能帮助公司赚更多的钱，参与社会活动能提高顾客认知度。这些行为中没有任何的犬儒主义因素。公司优秀的团队为自己的经营方式感到自豪，他们想要在一天结束之前清楚地知道，自己的工作方式是正确的，让每个人都有所收获。

5 年前在全食超市看起来新奇的事情，比如食品溯源、成分真实、可持续性，如今都变成了常态。这些因素突然成了消费者关注的重点，自然也是我们关注的重点。

如何成为顶级零售商
Smart Retail

当下的行动

- 描述你的价格定位，对比竞争对手的定价，再对比在同样的预算下，顾客其他的消费方式。
- 思考你的溢价点，并详细讲述理由。反思：这些理由真的可信吗？

长远的战略

- 面对零售业的新环境，审视你主要的价格定位。
- 在思考现行企业社会责任时，思考你的顾客在选择时看中价格还是价值。

第 13 章

法则 6，用体验为产品创造期望

营销人员经常谈论某个产品的“个性”：一块饼干可能“让人安心而性感”，一款鞋子可能表现出“叛逆而好奇”的倾向。营销人员就这样树立了他们的世界观。然而，这尽是胡言乱语。

——查利 · 布鲁克（Charlie Brooker）

本章探讨要点

- 从渴望文化转向期望文化的可能性
- 自我宣传
- 简单的数据库营销

零售商，顾客，嬉皮士

我们都讨厌嬉皮士。只要快速扫一眼“标题党”文章泛滥的平台，你就会发现几百个标题，比如：

- 嬉皮士糟蹋食物的 10 种方式
- 20 张证明嬉皮士荒唐的照片
- 光脚的嬉皮士把你喜欢的商店搞得臭气熏天

我认为，格拉斯哥一家餐厅把鱼和薯条装在镀锌垃圾桶里端上桌，就是极度嬉皮士。英国的足球队员刚开始看起来像 20 世纪 30 年代加拿大的伐木工人，也是嬉皮士。当伦敦的一家咖啡厅不卖咖啡只卖早餐麦片时，我们就知道，这个世界已经彻底疯掉了。

嬉皮士是这样一群怪人：他们提倡慢食运动，工作间里只放置原始工具，崇尚手工制作。不过，我认为，嬉皮士运动实际上就是西方消费观念根本转变最极端的表达。我们已经从渴望文化转变成了期望文化。我们曾经渴望拥有一只浪琴或劳力士手表。对大多数人来说，这些东西依然是成就和地位的象征。但是，当今这个时代，脸书的创始人马克·扎克伯格决定跟随比尔·盖茨的步伐，捐出他大部分的财富，沃伦·巴菲特号召众多的亿万富翁一起承诺捐出自己一半的财富，可见西方世界对巨额财富的观念发生了变化。

从趋势研究数据来看，消费者原先想要拥有某个东西，现在则转变为体验参与，而且这一趋势只会愈演愈烈。零售商尤其需要注重体验的部分，哪怕还是在卖东西。我们可以利用体验来为东西创造不同的期望。

回归真实

人们再次渴望真正的体验，渴望真实的感触，这不足为奇。新科技的出现打破了原有的状态，面对破坏性的思想，我们应该取其精华，去其糟粕，使之常态化。以电子书为例，追捧 Kindle 的热潮过去后，电子书的销量停滞不前，纸质书的销量逐渐回升。从全球图书市场来看，顾客正在回归书店，纸质书的销量稳步上升。但是电子书没有失败，它们找到了自己的位置。

编织、烘焙等手工制作风潮的兴起，表示大家正在回归真实，而科技增强了这种体验。消费者亲自动手做面包，同时操作台上的电脑中播放着一段详细讲解制作方法和配方的视频，使用的面粉是出自小磨坊人工磨的面粉（这家小磨坊之前名不见经传，后来在网上打开了销路）。消费者自己动手搞编织，从网上购买毛线，参加网上论坛，并在咖啡店约见论坛网友，于是咖啡店开始和毛线店产生联系。真实体验、社交分享、期望的乐趣开始回归。人们意识到，放缓生活节奏，享受真实体验，会让自己变得更加平和与快乐。我发现，真实性和电子化相互结合，会让生活更加美好，给人一种乐观向上的力量。

灰雁的独特体验：真实和手工

即使像灰雁（Grey Goose）这种高档品牌，也不再按常规出牌。酿酒商早就开始利用社交媒体和口碑宣传，在消费者心中树立了一种观念：晚上约三五好友，尽情畅饮灰雁，是一种独特的体验。大家期待“灰雁之夜”的到来，不是渴望喝一瓶或者买几瓶灰雁，而只是期望拥有一种独特体验。在 VIP 区的桌子上摆放几瓶灰雁，依然是大家都渴望的一种身份象征。但是，大家最初的冲动完全是为了体验灰雁，想知道这个体验过程如何满足一系列复杂的需求状态，包括一些象征身份的需求。

2013 年，灰雁的母公司百加得（Bacardi）决定采用一些传统的营销方式，进一步推广灰雁。它想用来说服消费者的方法，可以总结为两个词：“真实”和“手工”。嬉皮士风格的产品宣传手册中直接用了这两个词。广告重点表达了一个观点：灰雁产自一个神秘的法国乡村，那里有各种各样的蛋糕房、面包房和战前酒吧。这一举措让人们对灰雁产生了不同的期望值，即：你这次喝到的灰雁拥有酿酒师创造的绝对真实的口感。

渴望文化变成期望文化

“期望”似乎在每个人如何体验一个特定场景中扮演了非常重要的角色。现在看来，植入错误记忆对偏好产生影响，几乎是一件轻而易举的事。我们在销售前谈论产品和体验的方式，也能影响顾客最终使用这些产品时的感受吗？我相信是可以的，营销沟通是建立这个过程的重要组成部分。

赫尔大学（Hull University）的朱利亚娜·马佐尼（Giuliana Mazzoni）教授展示了错误的记忆如何改变人们的行为。在一次实验中，她植入了一段吃火鸡三明治就会生病的记忆。受试者经过预先筛选，确实对火鸡有独特喜好，因此就有可能喜欢吃火鸡三明治。受试者被植入了这段错误记忆两周之后，受邀参加一项他们认为无关紧要的实验，吃指定的三明治并进行评价。3 个碟子中有一个是火鸡三明治，所有的受试者都吃得最少，并且认为它的口感很差。在进一步的实验中，实验人员询问他们与火鸡相关的经历，然后让他们回忆过去吃火鸡的糟糕经历。实际上，在植入这段错误记忆前，根本不存在糟糕的经历。

植入过程非常简单。一开始，实验人员告诉受试者，他们进入了一段电脑程序，其中展示了一些他们小时候可能经历的事情。第一件展示的事情无关紧要，但极有可能大多数人都经历过，比如喜欢巧克力、喜欢去海边。第二件展示的事情有点不太可能——吃了火鸡以后生病了。接下来的过程感觉有点像一种冷读术（cold reading），实验人员使用肯定性的语言表述，比如"你能记得持续了几天的余味，是吗"，等等。受试者观看了一些发生在他们儿时的假新闻，讲述的是很多人由于吃受污染的火鸡肉生病了。

这个想法太厉害了。它也是在明确告诉我们，如何以积极的方式影响顾客的偏好和选择。植入那些让顾客觉得你很棒的想法，具体说明为什么棒，用肯定性的语言强化积极的想法。你可能不愿意编造故事，吹嘘自己有多棒，但是当顾客拥有了出色的体验之后，你这样做就强化了这个体验，而且不再羞于让他们回想这些出色的体验，你现在觉得它重不重要呢？

“酿酒狗”：利用破坏性进行营销

“酿酒狗”的模式值得效仿。它从来不做广告，但有自己的立场。它极力宣扬自己的立场，并支持它、捍卫它。它的一切行为都是为了奉献优质的精酿啤酒。其创始人詹姆斯·瓦特敢于标新立异。它要告诉饮品行业的权威，谁要是妨碍了消费者，就得失败。它广泛利用社交媒体与顾客互动，而且从来不说废话，不使用营销词汇。它对自己的定位是：一群喜欢精酿啤酒的人，想制造精酿啤酒，并且保证得到顾客的喜爱。记住最后一句话，它是我在本章中能提供给你的最重要的一条建议。

“酿酒狗”也敢于制造有争议的话题，比如，有一段时间，创始人瓦特受到挑战，饮品行业联盟波特曼集团（Portman Group）指控一款名为 Tokyo Imperial Stout 的啤酒酒精度高达 18%。波特曼集团接到投诉，因此必须采取行动，要求下架故意违反啤酒行业生产标准的啤酒。它做出裁定，如果“酿酒狗”不撤回这些啤酒，就将责令零售商下架。瓦特反驳了这个裁定，这件事立刻引起媒体的关注。“酿酒狗”当时还鲜为人知，突然间在新闻报道中就变成了酗酒的罪魁祸首。瓦特巧借媒体关注的机会，向大众解释“酿酒狗”的经营方式，并展示了它的酿酒技艺。

波特曼集团不知道“酿酒狗”只酿造了 500 瓶 Tokyo Imperial Stout，没有打算继续酿造，而且这 500 瓶已经快售罄了，大多数都卖给了海外顾客。这场争论结束后几个月，人们才知道，波特曼集团仅收到过一起关于 Tokyo Imperial Stout 的投诉，而且是来自瓦特本人。

关键在于，“酿酒狗”绝对不可能容忍降低自己的技艺。

或许它酿造了一款不合格的烈性啤酒，但它这么做有充足的理由，而且能够以此证明它能在传统的英国啤酒行业制造一些独特的产品。“酿酒狗”突然名声大噪，人们想要尝试它的啤酒的期望产生了。

2016 年，瓦特告诉《卫报》，传统的广告已死，小公司根本没有做传统广告的财力，新媒体就是宣传平台，人们需要真诚、品质、激情、真实和诚信。他说：“打造品牌的唯一方式就是践行这个品牌的价值观和使命，然后让顾客做决定。”

我认为瓦特是正确的。无论销售什么产品，只要蓝图正确，那么你也可以使用这些方法来大力宣传企业和产品。你可以勇敢热情地拥抱这个世界，而不用觉得在投放巨额电视广告的商家面前抬不起头来。

随时准备自我宣传

在本章的后半部分以及第 14 章中，我会讲一些实用的方法。零售商可以用这些方法来实现我们之前讨论的事情。如果你经营的是一家大型零售企业，拥有出色的营销团队，他们迫不及待地想要一展身手，那么这些做法可能不太合适你；但如果你经营的是一家小型连锁企业，或者一家独立门店，那么这些方法会让你受益匪浅。

虽然前文讲述了一个植入错误记忆的把戏，但营销本身并不是一种神秘的妖术。它只不过是一个常识框架：一个可以让你的行为发挥作用的框架。营销理论非常简单。营销技巧，尤其是零售业的营销技巧，不在于出色地执行营销方案，而在于相信直觉，保持简单。营销就是理解你的顾客是谁，他们在哪里，他们需要什么，他们愿意花多少钱来满足这些需要，就这么简单。

因此，我们要思考一系列问题：我们在向谁卖东西？我们如何让他们知道我们的产品？他们会花多少钱？这些问题是否形成了一个链条？第 1 个问题的答案会影响第 2 个问题的答案，第 2 个问题的答案会影响第 3 个问题的答案。回答这些问题，能帮助你做出更好的促销和宣传决策。

问题链：

1. 谁想来我们这样的商店购物？
2. 顾客可能喜欢我们的哪些方面？
3. 哪些产品会让顾客感到兴奋？
4. 顾客喜欢什么样的促销？
5. 我在哪里能找到顾客？
6. 我该告诉顾客什么？

分析不同的顾客类型，就会得到不同的线索。利用你学到的知识筛选目标顾客群体并进行交流。下文会介绍一些触及顾客的方法。

社交媒体

在利用社交媒体作为营销工具方面，零售商经常得到一些糟糕的建议，而且为此浪费很多钱。我不想再给你一些糟糕的建议，你可能在本书出版几年后才读到这本书，那时的平台和机会已经发生了变化。不过，我要推荐一些有用的基本法则。它们至少在最近几年内行之有效。

- **表达风格**。为公司创造一种表达风格，并长期使用这种风格。
- **积极活跃**。不要掉入“如果我们创建了账号，顾客就会来找我们”的陷阱。去脸书上看看，很多零售商的官方账号都无人关注。你必须积极维护社交账号。

- **说点趣事**。内容才是王道，所以你得说一些能引起大家积极参与和互动的话题。不要为了更新而更新，内容要真诚，有相关性。
- **谷歌热搜**。阅读所有你能在谷歌热搜上找到的内容（因为热搜话题一直在更新，所以要持续关注）。因为很多细节都是隐藏的，所以要尽可能去弄清楚这些问题：谷歌在收集哪些信息？搜索排名靠前的原因是什么？你公司的搜索结果出现在第 1 页与出现在第 100 页有什么区别？
- **结识博主**。与相关的博主、网络主播以及和你相关的特殊利益群体建立良好的关系。一位有影响力的时尚博主推荐你的新款鞋子，会比你做一个月广告带来更多的销量。
- **获得关注**。付钱让名人在社交媒体上推荐你，这种做法很俗气，起不了什么作用。如果你能和他们搞好关系，免费得到这些资源，并且成为相关人士的合作伙伴，那就再好不过了。
- **跟随主流平台**。不要围着一个平台守株待兔。一个平台今天能获得用户关注，明天却不一定。比如，Tumblr 与 Flickr 这几年就不景气了，写作平台 Medium 与社交平台照片墙超越了它们；再过几年，同样的事情也会发生在 Medium 与照片墙身上。Snapchat 现在比较受年轻人欢迎，明天就可能为其他平台所取代。目前，Slack 基本上是协作工具，有可能发展成碎片化推荐引擎。就在我完成这些手稿的时候，报告显示照片墙用户数量下降了。
- **了解聊天机器人**。现在就开始关注聊天机器人。如果你不清楚聊天机器人是什么，去看一下微软的多米诺聊天机器人。它会显示一个聊天室，你可以要求它为你订一个比萨。
- **入驻亚马逊和易贝**。像 Wiggle 这样规模较大的劳动密集型网络零售商，都在借助亚马逊的销售平台来增加曝光率。亚马逊和易贝都是优秀的平台，可以让你获得更多曝光率。这两个平台上的商品信息几乎都是透明的，所以价格敏感度非常高，不过能产生可观的销量，加快库存周转。

- **录制视频**。认真录制有关产品、评论和用法的视频，并保证它们符合公司一贯的表达风格。在视频中，告诉顾客产品的长处和优势。视频是一个很有用的工具，因为讲解视频的人就是你，你是公司的代表，如果大家喜欢你，他们也会喜欢你的产品。
- **不断学习**。最后，每天在既定平台上寻找优秀案例。谁在使用拼趣来销售产品？他们的做法有什么独特之处？

触及顾客的传统方法

广播电台

如果你认为必须打广告，那么可以选择广播电台。电台广告性价比高，你能尽情使用文字描述产品，使用华丽激昂的词汇最有效。很多电台会帮助你制作广告。每个电台也能告诉你每档节目的听众类型。因而，你可以选择听众类型与你的目标顾客群体吻合的电台和节目投放广告。当然，电台也有很多现成资源供你使用，自己制作广告，这也有助于提高电台的收听率。

报纸

清晰醒目的信息最有效。如果你只在当地经营，就不要向全国投放广告。不要受华丽却空洞的图表诱惑。最好的办法是用醒目的文字重点突出促销信息，随之说明卖场特色。“少即是多”这条古老的准则绝对会派上用场。但是，再强调一遍，你必须确保广告符合你的表达风格，也就是说，你确实有能力满足广告在顾客心中形成的期望。

海报

传统的大幅海报的作用就像第 2 个店面，但它们价格较高。目前，英国贴海报的场所受限制转少，很多地方都能贴海报。

产品目录

可以把目录印在一张传单上，也可以印成一本 32 页的彩色册子。永远不要低估产品目录的力量。它们可以大量展示你销售的产品，同时介绍你的特色。美国零售咨询顾问乔治·惠林（George Whalin）曾说过："你如果有一个产品和一张传单，就可以做成一个产品目录，从此开始，逐渐增加目录内容。"

产品目录的形式多种多样，你可以做成传单，夹在当地免费的报纸中，邮寄给顾客，或者发给到店的顾客。思考如何发放产品目录。把它们堆在店里也可以，但是在户外发放的效果更好。可以安排同事去停车场散发，或者沿街散发。付钱给快递员，让他们挨家挨户散发也有效果。当然，发放的方式取决于产品目录的样式。如果产品目录厚重，而且比较贵，发放范围就比较有限。同样地，如果你知道顾客是小众群体，那么就应该考虑直接发给他们。所以，母婴商店可能需要把产品目录放到当地医院产房的等候区。

横幅广告与谷歌关键词

横幅广告的出现有一段时间了，都快成为一种传统了，目前对它的共识是：点击量与转化率非常低。你的广告需要大量展现才能产生有意义的回报。

关键词竞价极其昂贵，但十分有效。我不会告诉你如何进行关键词竞价，因为我实在不擅长。互联网上有很多相关的经验之谈，你可以借鉴。我建议你测试关键词，无论你是否是在网上投放广告，都要充分利用谷歌强大的分析工具。

简单的基础数据库营销

无论实体店还是网店，都必须建立顾客数据库。如果运用数据库得当，就和其他直接广告工具一样，能吸引顾客前来消费。完成这个工作不需要复杂的软件，任何数据库程序都可以使用，比如微软的 Access。不过，像 MailChimp 这类专业工具更有效。下面是高效应用邮件进行数据库营销的一些要点。

- 一定要征得顾客同意，因为顾客讨厌垃圾邮件，甚至对此十分恼怒。不过，只要是与他们相关和意料之中的邮件，他们反对的态度就不会那么强烈。
- 保证邮件内容言之有物，比如特供、限量、清仓特价、限时活动，或者新品到店等信息。
- 邮件以标题开始，只写主题，不写多余的主体内容，比如："本周末平装小说买一赠一"，"丹·布朗新书 6 月 11 日到店，现在预订吧"，或者"大卫·贝克汉姆 7 月 1 日到店为他的自传签名售书"。
- 请记住，限时活动能有效促使顾客购买。
- 接下来，在邮件的正文中，语言尽量简明扼要，说清楚活动内容即可。例如，"平装小说买一赠一的活动，只在本周末进行"，或者"任意选择两本，其中价低的一本免费赠送，近期的畅销书和所有经典小说全部参加活动。活动只有周末两天，期待你的到来！"
- 记得签名！顾客喜欢个人特色。
- 记住写邮件的法则：告诉顾客活动是什么，顾客为什么要买，怎么买。

持续追踪

任何直接活动都需要评估效果。评估方法很简单，你可以在印刷品上附加有密码的优惠券，也可以使用独立可追踪的数字营销链接。谷歌分析是一个功能强大的免费工具，可以帮助你分析销量和访客的来源。

通常，建立 Excel 表格来简化追踪过程十分有用。表格横行的内容是正在进行的促销活动，竖列的内容是相关数据，记录参与顾客人数、交易总额、单笔交易利润。每周末计算出促销活动产生的总利润，然后扣除活动成本。只要你统计了每一笔相关交易，那么就能大概掌握每项促销活动的效果，这种追踪方式完全可接受。

你也需要计算给普通顾客的折扣金额，他们在你这里消费了，却没有注意促销活动。这个情况比较难处理，通常都依靠你的直觉判断。计算这类金额也很重要，这些数字有助于你确切地评估活动效果。

如何成为顶级零售商
Smart Retail

当下的行动

- 列举你能提供的独特购物体验。
- 制造商资质的可信度高吗？有多大的说服力？
- 列举当前使用的所有宣传方式。你如何强化顾客的选择？
- 回答问题链。
- 确定采用数据库营销的 3 个新品。

长远的战略

- 思考你的定位和宣传的真实性。
- 以前文计算的结果和问题链答案为基础，提炼新的宣传要点。

Smart Retail winning ideas and strategies from the most successful retailers in the world

第 14 章

法则 7，

恰当的促销时机
搭配恰当的促销方式

吱嘎响的轮子能得到油。

本章探讨要点

- 30 种促销方法，以及它们对提升绩效的 4 条准则的影响
- 如何制订全年促销计划

在社交媒体上促销

在第 13 章中，我简单讲述了如何利用社交媒体提高顾客认知度。本章会介绍和促销相关的内容，帮助你丰富社交媒体活动。注重促销十分重要，因为诚实定价的同时，打造实惠和令人惊喜的购物体验是提升绩效的重要方法。当然，我们也讲过需要考虑其他因素，抛开出色的顾客体验或忽略员工的需求而促销，没有任何意义。拙劣、激进或制造噱头的促销可能会在短期内刺激销量，但是失望的顾客不会再回头。

30 种促销形式

我罗列了大多数零售商常用的促销形式，制作了一张表格（见表 14-1），可以很直观地看到，按照提升绩效的 4 条准则，哪种促销方法的效果更好。此外，促销计划表可以帮助你规划合适的促销形式和促销时间。本章的内容非常实用，对小型连锁商店和独立零售商尤其有用。

表 14-1 促销与业绩提升准则概览

适用程度用从 0 到 10 的数字表示
0= 无效
5= 一般
10= 非常有效

1 列表示开发新客
2 列表示提高客单价
3 列表示提高现有顾客回购率
4 列表示减少日常管理费用，提高销售质量，从而提高利润

	1	2	3	4
1. 快闪店	10	2	8	0
2. 联名合作	10	7	10	8
3. 赞助社区活动	4	0	10	4
4. 更衣室广告	0	10	6	6
5. 儿童比赛	0	5	7	5
6. 传单	8	6	8	9
7. 忠诚度项目	0	5	7	5
8. 老顾客介绍新顾客	8	6	8	9
9. 买赠活动	8	7	10	2
10. 试用俱乐部	1	5	10	7
11. 打折	6	7	6	3
12. 主题之夜	6	7	7	5
13. 调查	6	0	8	6
14. 明星到店	10	0 或 10[a]	8	2
15. 签名售书	8	0 或 10[a]	8	8
16. 门店午餐	7	0	8	5
17. 研讨会、说明会	8	10	10	6
18. 会议场所	7	0	8	6
19. 慈善捐赠	6	0	6	3
20. 当地广播电台外场直播	6	0	6	8
21. 搭售	8	5	8	7
22. 代金券	7	7	10	5
23. 礼品卡促销	8	5	10	5
24. 先购买，后付款	7	5	7	4
25. 免息分期	8	6	8	5
26. 赊购卡	2	8	7	10
27. 限时促销	10	4	4	1
28. 特价促销	10	10	10	5
29. 空铺展示	5	0	5	8
30. 联合促销	7	3	1	8

注：a. 如果明星或者图书作者本人是该领域的专家，那么门店就可以引导顾客购买各种类型的周边产品。否则，就不会产生关联销售。

1. 快闪店

这种形式的出现打破了空间限制，比如英国的 Appear Hear、出现在英国和美国纽约的 We Are Pop Up 以及美国的 Republic Space。快闪店是任何零售商都能负担得起的新形态，无论规模大小、线上线下，都可以利用这种形式来增强存在感。快闪店几乎没有什么限制，你能想到的目标，它基本都能实现，它一般包括下面列出的几个方面。

- 测试新位置。
- 测试新产品。
- 将线上产品转到线下销售。
- 发布新产品。
- 开发新顾客。
- 测试新模式。
- 获取研究数据。
- 制造商或品牌的零售活动。
- 预售公关或新方案试运营。
- 活动地点设置在文化体育场馆附近。
- 增加媒体曝光率。
- 用临时品牌尝试有风险的事情。
- 为旺季增加销售空间。
- 项目合作。

例如，2016 年年初，Appear Here 在 Top Shop 位于牛津大街超级繁忙的旗舰店中开设了一家快闪店，日租金只需要 150 英镑。这种采用店中店的形式只持续一周的快闪店，能迅速让你的品牌进入大众视野。在你的品牌还没有覆盖的区域持续开一个月快闪店，可能会给你带来新的顾客群。将线上初创的业务转移到线下销售，可能会增加你的现金流，效果一直会持续到下个月。快闪店节奏快，新颖有趣，而且非常有影响力。再者，类似于 Appear Here 的公司能帮助你了解和最大限度地利用他们提供的空间，他们一般也乐于向你提供建议。

Square（支付）和 Shopify（POS 系统）这类公司使一个街市摊位能提供全部的支付途径，而且它们能帮助你管理库存和销售等所有事项。这两个例子进一步说明，科技释放了零售的创造力。1983 年，我在彼得伯勒郡进行了第一次快闪活动。当时我 13 岁，我们极不情愿地帮别人办理信用卡，使用一个非常锻炼臂力的大型机器，手动把卡片印制到复杂的纸质凭证上，一式三份，然后分别交给顾客、公司财务和银行。现在你可以在山顶的一个快闪摊位，使用手机完成交易，全程电子化。

规划快闪店的时候，不要忘记零售的准则。明确目标，思考顾客可能的关注点，不要忽略实际问题。我强烈建议你重读第 3 章到第 5 章的内容，思考如何将这些准则应用到快闪店中。

2. 联名合作

当两个品牌联合比单个品牌更强大时，你能邀请到知名设计师创造独特的产品吗？其他领域有没有你仰慕的零售商可能愿意与你一起创造联名产品？在时尚界，联名合作已经变成了常态。2004 年，卡尔·拉格菲尔德（Karl Lagerfeld）就为 H&M 设计了一个系列产品，上架后几分钟就售罄了。这为现代设计师与时尚零售商合作开创了先河。在此之前，塔吉特百货公司就借助与玛莎·斯图尔特（Martha Stewart）的合作，为其家居用品赢得了声誉。这种跨界合作能使设计师的产品产生可观的销量，同时为零售商带来名声和溢价利润。

3. 赞助社区活动

不要立刻拒绝赞助商的请求。有时候，赞助会成为十分有效的方法，你可以借此展示你对当地社区的承诺，承诺日后会给予社区相应的回报。位于小型社区中心的公司通过这种形式的促销会获益最大。赞助一些社区快乐跑或者民俗庆祝类的活动，就是在强烈表达你对社区的承诺。很多零售商表示，赞助活动带来的声誉最终都会转化成销售。

4. 更衣室广告

这种办法省钱省力，还有效。顾客进入更衣室的时候，会被更衣室墙上的广告牢牢吸引，而且他们有充足的时间看广告。应该考虑推荐有关配饰的促销活动，顾客购买配饰后，可提高平均客单价。

5. 儿童比赛

儿童比赛一般都效果不错。比赛项目可以是非常简单的画画比赛或者写字比赛，比如以“母亲节，给妈妈写一封信”为主题。当地报纸非常喜欢报道这类事件，因此你有机会将获胜者在门店的照片刊登到报纸上。在网上进行宣传就更简单了。

6. 传单

无论你销售什么产品，制作有用的传单都很容易。它看起来可能不够吸引人，但零售商经常告诉我，顾客对此很感兴趣，总是说顾客就是因为传单上的广告才来的。你可以自己写传单内容，也可以花钱请一位行业内知名专家来写。载体的形式多样，可以是一本全彩的册子，也可以是固定在货架边缘的小卡片。我喜欢在实体店用 A5 纸，方便顾客随手带走。在线上制作传单时，你可以创建一些互动性内容，增加视频、引导说明和挑选清单，并链接所有相关产品。下面是一些传单的例子。

- 食品店的配料单。
- 红酒店的推荐和说明。
- 家居用品自动化说明。
- DIY 店的进阶教程。
- 自行车零售商的理想装备推荐。
- 儿童卧室布置说明。

7. 忠诚度项目

我不认为顾客会忠诚于某种言过其实的产品、杂志，或其他华而不实的东西。我在本书的前 7 章中讲述了一般意义上的忠诚度以及一些管用的办法。

这些能发挥作用的忠诚度项目都非常直接、简单。比如，咖啡店给你一张小卡片，每消费 1 次就盖 1 个章，积攒到一定数量就可以获得 6 杯免费咖啡。在比萨店，只要你保留 4 张小票，就能免费获得任意 1 款比萨。这种忠诚度项目很普通，成本相对较低，关键是顾客非常喜欢这种形式。

商家在设计卡片的时候，一般会预先盖两个章。消费者往往会受到这两个章的诱惑，然后盖完规定数量的章，以得到免费玉米煎饼，哪怕要盖满 10 个章才能得到，但顾客已然被吸引了，因为商家已经预先盖了两个，实际再盖 8 个章就够了。

8. 老顾客介绍新顾客

如果老顾客推荐朋友到店消费，你就可以给这位老顾客赠送礼品或者代金券。老顾客介绍新顾客在线上操作更加简单，你使用的系统中可能自带简单的代金券功能。

在门店，你如果无法发放电子代金券，那么可以印刷一些纸质代金券。顾客结账的时候，你可以把代金券与收银小票一起给他。顾客填写代金券上的信息后，就可以赠送给他的朋友。他的朋友拿着代金券到店消费，你根据代金券上老顾客的信息，就可以将礼品发放给那位老顾客。如果你有足够的自信，认为顾客对你很忠诚，会将你推荐给身边的朋友，那这也是一个有效的办法。

9. 买赠活动

21 世纪初，买赠是英国最流行的促销方式。如果财务状况良好，你就可以这么办，按照这种方式大力促销。你可以与供应商协商争取一些优惠和广告经费。如果这种促销能长期稳定地持续进行，那么就更加有效，因为顾客会开始为这些特价品频频光顾。

10. 试用俱乐部

在某种程度上，这种方式是传单的延伸，不同的是，顾客能真正试用产品。先筛选一部分顾客，建立一个试用俱乐部。以自行车装备传单为例，你可以专门为俱乐部会员举办户外展示活动，邀请专业人士分享经验，优先让会员预定限量版产品，为他们提供专属产品和服务。自行车网络零售商 Wiggle 通过赞助体育活动，优化了试用过程。他们在活动中预先展示产品，提供调校服务，对产品进行讲解说明，这些做法不断强化他们在骑车者中的口碑。

11. 打折

打折的方式可以是在某一天将所有的产品降价 10%，也可以是在有限的时间内针对特定的产品降价。不过，这种促销方式现在收效甚微。尤其是自己动手制作（DIY）方式流行起来以后，顾客受此影响，认为凡是低于 25% 的折扣都没有什么吸引力。打折促销也不利于正常售价的稳定。Gap 服饰公司连续 3 年低价打折促销，致使顾客不愿意全价购买，之后它在 2016 年深受其害。

12. 主题之夜

在门店举办主题之夜活动，专门邀请一部分顾客参加，效果十分明显。可以准备一些点心和零食，邀请一位业界人士主持，设计一些娱乐活动。为这个活动拟定一个主题，以便更有效地推广。例如，体育用品商店可以邀请顾客前来庆祝国家足球队总教练的生日。这些活动微不足道，但是你可以借机登上当地报纸。

13. 调查

你总是需要询问顾客的看法，此外，调查也能当作促销工具。在网上用网络工具发起调查，向数据库中的顾客发送调查链接。其中要包含一张可以在线上或线下使用的答谢优惠券。通过调查就能让顾客知道你的存在，知道你很重视顾客满意度，因此他们可能愿意前来消费。

14. 明星到店

邀请明星到店绝对能引起轰动。他们的出场费也没有你想的那么昂贵。尤其是当地的电视演员，费用会更低。一定要在当地报纸上宣传，让顾客知道这件事情。在网上宣传也很容易，不过气氛不如线下热烈，你需要邀请与产品直接相关的人士作为嘉宾。活动形式可以是在线研讨会，或者简单的问答互动。

15. 签名售书

并非只有书店才能举办签名售书活动。渔具店邀请英国远洋捕鱼队队长到店，签名销售他们的新书，也能收获同样的效果。实际上，对非图书零售商来说，这有时是免费邀请明星到店的好办法。大力宣传是签名售书活动成功的关键。如果你经营一家咖啡店，就可以邀请当地的喜剧演员，通过举办新书发布会，销售他们的新书。

16. 门店午餐

现在的人实在太忙了，午餐时间通常变成了吃饭和购物的博弈。有人提出了一个想法，可以帮助顾客同时完成这两件事：为午餐时间到店的顾客提供一份简餐。尽量避免提供油腻、汤汁多的食物。推广这个活动的最佳方式，就是在附近公司发传单。这个办法极其有效，能帮助你吸引新顾客。

17. 研讨会、说明会

无论你经营什么品类的商品，这些活动必不可少。邀请当地的商人、设计师，或者厂商代表参加，向顾客展示你的商品，演示相关功能。设计同系列主题的研讨会、说明会和店内活动，向每位顾客发一本日历，在日历上标注清楚每次活动的日期。研讨会能够吸引顾客，有助于顾客进行大额消费。类似时装秀之类的展示活动，可以为门店增添娱乐性。它能给顾客带来兴奋感，从而增加体验的乐趣。大多数活动在网上举行。无论线上活动还是线下活动，都尝试邀请知名博主参加，因为顾客高度重视他们的观点和建议。

18. 会议场所

如果你有一间闲置的培训室或者面积较大的办公室，那么可以供当地的公司作为外部开会场所。目前几乎没有人这么做，如果你这么做，就会因此赢得巨大的声誉。你还可以重新装饰房间，添置一台咖啡机，增加吸引力。检查财产保险的条款，以防财产受损。

19. 慈善捐赠

真实的慈善促销活动有多方面的益处。通常的捐赠模式是成为某个慈善组织的成员，在慈善日或者慈善活动中，捐出一定比例的当日利润。

20. 当地广播电台外场直播

如果停车场或者店外有合适的场地，就可以提供给当地的广播电台进行外场直播。你要使场地与重大事件相关，电台就会十分乐于参与。

21. 搭售

搭售是另一种形式的买赠活动，常用于快消品。可以将一种产品作为赠品与主推产品捆绑在一起销售，也可以将两个同样的产品组合成套装销售。这个办法可以利用畅销的产品出清滞销的产品，同时顾客也很满意。

22. 代金券

我最喜欢使用这个方法，有时称其为“延迟的折扣”。凡是在促销期间消费的顾客，都可以得到一张代金券，下次在店里或网上消费时就可以使用。通常代金券的金额根据最初的消费金额决定，所以一般的做法都是这样的：

- 消费 20 元，获得 5 元代金券。
- 消费 50 元，获得 12 元代金券。
- 消费 100 元，获得 30 元代金券。

发放代金券的时候慷慨一点也没关系，因为其中有很大一部分代金券顾客不会兑换。此外，要保证代金券有防伪标志，并注明了使用期限。网上代金券的兑换率要高于实体门店，所以不能马虎。

在促销活动当天用显眼的标识，或者在网站上做一个醒目的标题推广优惠券。要将这个消息通知到数据库中所有的顾客。这种促销方式是一个很适合分享的话题。人们喜欢互通有无，分享此类促销活动，乐此不疲。

23. 礼品卡促销

礼品卡和代金券十分相似，只不过礼品卡可以随时使用，没有时间限制。在顾客眼里，礼品卡就相当于现金，所以兑换率和消费金额都要高很多。

24. 先购买，后付款

这种完全基于信用的促销是大件商品零售商惯用的方式，因为它能让顾客现在就满足明天的消费欲望。实际上，这是一个双赢的做法。它和购物卡有点类似，要谨慎策划这种促销，让顾客真正获得实惠，不要让他们背负无法承担的债务。

25. 免息分期

这是一个非常强大的促销工具。顾客能以分期付款的方式购买产品，而且不用支付分期利息。独立零售商可选择的分期产品有很多，如果你想要促进大额商品的销售，就应认真考虑这种方式。

26. 赊购卡

赊购卡会让零售商获利颇丰，对一些顾客来说也很方便。但是，出于道德因素，我一直对它心存芥蒂。因为赊购卡的利息非常高，要远远高于信用卡或者个人贷款的利息。有太多的普通消费者被其“绑架”，背负了巨额债务，从而陷入困境。零售业是一个以人为本的行业，所以我们不能为任何人的生活增加负担。我不推荐你发放赊购卡。

27. 限时促销

限时促销的形式有很多：下午 4 点整到 4 点 30 分，购买任意佐餐面包，即可免费获赠一份汤；每周星期一，全部鞋子 8 折优惠；本周六的每个整点，限量秒杀。这种促销方式会立刻激发顾客的关注和兴趣。限量秒杀时，如果库存太少，有可能会惹恼顾客。2010 年，亚马逊英国的“黑色星期五”大促销活动，就招致骂声一片，因为商品瞬间销售一空。2014 年，英国的“黑色星期五”线下大促销活动期间，竟然出现了顾客斗殴、殴打店员的场面，尤其是在大型食品零售商的门店中。所以，要谨慎使用这个方法。

28. 特价促销

最强大的促销工具：超低特价。罗列价目表，向供应商争取支持，动员营销团队，清点尾货或过季库存，为顾客准备一场疯狂促销。特价促销会吸引顾客前来，他们会花更多的钱，而且还会再来光顾。

29. 空铺展示

这得归功于零售业的代表人物里克·希格尔（Rick Segel），是他想出了这个绝妙的点子：寻找当地空置的店铺，与业主协商，出钱在窗户上做一些展示。这种做法，既有利于业主找到长期的租户，也可以为你提供优质的广告位。2003 年，我第一次提到这个点子，当时几乎没有人这么做，现在则随处可见，看起来每个参与者都能从中获益。它本质上不属于快闪店，因为是固定不变的，但作为一种宣传方式是很有用的。

30. 联合促销

尝试与厂商、行业协会、邻近的其他零售商一起做促销活动。很明显的好处是，你们可以分摊费用，从而加大促销力度。零售商们可以在所在的购物中心联合举办“快乐之日”活动。若是联合厂商举办活动，则可以尝试让厂商提供样品和赠品，并给员工发放奖励。

制订促销计划

制订促销计划并不复杂，但是非常必要。你需要知道促销的时间，尤其是要知道促销的原因。下面介绍的方法都是基本的方法，但是可以作为促销活动的良好开端。

1. 准备 12 张 A4 纸，每月 1 张。
2. 写下所有可预见的事情，比如 1 月的销量。
3. 写下所有与公司业务相关的节假日，比如暑假。
4. 写下所有重大节假日。
5. 补充所有新品上市时间。
6. 写下所有可以借题促销的重大事件，比如奥运会或热门电影。
7. 现在整个计划一目了然，你就知道有没有遗漏，该如何调整重大节假日的活动，何时举办主题促销活动等。

选择恰当的促销时机和方式是一门艺术，但以上这些信息的确能助你一臂之力。比如，如果 8 月是销售淡季（因为 8 月是暑假，大多数人都外出度假），那就有必要在客流有限的情况下进行促销，提高客单价。

如何成为顶级零售商 Smart Retail

当下的行动

- 选择 3 种促销活动，在下个季度实施。
- 制订完整的全年促销计划。

长远的战略

- 更全面地审视促销活动，特别要结合摩擦 / 奖励指数仔细思考：促销对象是谁？为什么？

Smart Retail winning ideas and strategies from the most successful retailers in the world

第 15 章

法则 8，

引入零售艺术，激发门店活力

你在传统商业街市转 5 分钟学到的零售艺术，比你在门店观察 1 个月学到的都多。

本章探讨要点

- 动态在实体门店与网店展示中的重要性
- 出色的零售艺术行为
- 运用仪式创造惊喜

动态与活力

“零售艺术”这个词很常见，但没有确切的定义。每个人都意识到它的重要性，但不能给出恰当的描述和定义。也许这就是真正的零售艺术难以被发现，但是随着实体零售变得更具娱乐性，随着顾客需要更多的奖励，零售艺术随之变得更加重要和有用的原因。

我认为零售艺术就是激发门店活力。我一直把门店看作舞台，它承托所有的表演和故事，艺术就是如何生动地讲述这些故事。街市摊主大声叫卖是一种艺术，塞尔弗里奇百货公司的人声鼎沸也是一种艺术，所有制造动态、声音、气味的事情，所有需要接触和交流的事情，都是一种艺术。

为什么说激发门店活力是一种艺术？因为激发门店的活力就激发了顾客的活力。你面临的最大挑战就是如何让顾客拿起商品，与它互动，与店员互动。这样，销量就会增加。如果这种互动发生在一家充满活力、令人兴奋的门店，那么就会收到与 Stew Leonard 杂货店一样的效果：一家朴实无华的奶制品店，变成了一部销售机器，深受顾客喜爱。

Hotel Chocolat 的零售艺术

英国巧克力公司 Hotel Chocolat 的门店用精美的银质托盘摆放试吃品，这就是一种高超的零售艺术。它并不关心你是否会购买那款巧克力，它只想让你看到、闻到、品尝它。当店员描述“这是我们最纯、最甜、最棒、最好吃的巧克力”时，只想让你听到这些描述一款精致巧克力的词语。你在巧克力门店，脑子里想的是巧克力，并品尝和体验了那款巧克力，结果你想要更多巧克力。

本章将区分网店和实体门店真正的不同之处。艺术是鲜活的，存在于实体空间之中。在网络世界中，在线展示和感官刺激非常具有说服力，但艺术是为了让人与人之间产生直接的交流，直接激发人们的情感。先来了解人类的视力较弱会产生哪些问题、带来哪些机会，之后分析一些实际应用零售艺术的精彩案例。

大脑对零售的影响

和其他许多哺乳动物相比，人类的视力真的很差，尤其是眼睛的分辨率较低，加之我们的大脑是根据表面特征进行识别的，更关注动态，这就让我们很难关注静止的物体。从生理学来讲，如果物体是静止的，人就很难从中做出选择，比如码成一摞的罐装食物、摆成一排的电视机或书架上的一排书。

更糟的是，我们的周边视觉甚至看不到颜色（这与光线进入眼睛和光线触及视网膜之间的角度有关），我们认为自己看到的并不是实时景象。中间的时差就是对大脑巨大的干扰。从眼睛看见画面，到大脑接收并处理这个画面，这个过程确实存在一定的延迟。比如，当你要接住迎面而来的一个皮球时，你和皮球之间的实际距离要比眼睛看到的距离更近，大脑根据这个情况指挥胳膊动作，自动补偿时差，往往会出现失误。

接下来，从科学的角度解释。我们认为自己看到的画面，实际是经过大脑打乱后呈现的画面。我们的大脑形成了两个视觉过程，这两个过程对物种的生存非常有利，但对零售工作来说就毫无用处。第一个过程与面孔有关：我们活跃的大脑一直在寻求识别面孔，以便决定是与对手竞争，还是与心仪的人携手共处。我们的大脑如此迫切地寻找面孔，几乎能勾勒出任何事物的外观：墙纸的图案、阴影的形状、衬衫上的污渍形状等。所以，人们会说一片面包像一张人脸，或一朵云像去世了的亲人的脸。第二个过程更复杂：大脑拒绝静止的物体。因为在远古时代，大型动物经常想吃掉人类，它们为了达到这个目的，就偷偷溜到人类的周围，伺机而动，结果反而成了人类的盘中餐。

我们来看看零售过程中出现的类似情景，我们肯定都经历过。你站在超市食品区琳琅满目的罐头面前，想找鸡汤面，目不转睛地看了一遍又一遍，就是找不到你想要的鸡汤面。突然，你发现它就在眼前，而自己压根就没有看见。这是因为大脑的注意力不在这里，它留意的是左边那个人从货架上拿下一罐东西，一个人推着购物车从右边经过，头顶上方的一块标志牌随着空调吹出的气流摆动。你之所以最终发现了鸡汤面，是因为大脑生成了两种不同的处理过程。第一个过程识别形状和图案，接着开始第二个过程——“阅读”。这个过程迫使你阅读产品标签。

动态

只要运用一点零售艺术，就能一举解决这个问题。拿起一个东西，不断晃动，就能引起顾客注意。当你拿起一罐汤，来回晃动，瞬间它就变成了最显眼的东西，每个人都会看见它并可能顺手拿走。这种方法屡试不爽。

在一家普通的 M&S Simply Food 门店中，等候区的尽头陈列了几种小蛋糕和点心，只要有 10 位顾客进店，就会有一个店员补足陈列的小蛋糕和点心。这 10 位顾客中，至少有 8 位顾客会拿起一个小蛋糕，大多数人最后都会购买。若是只陈列一次，不再补充，进店的 30 位顾客中，大概只有 1 位会拿起蛋糕。我并没有夸大这些数字，你可以亲自去观察，然后考虑在自己的店里让每个产品动起来，带动某个区域的销售。

让产品动起来

一家连锁书店只做了一个小小的改变，就让每家店的销售额上升了 20%。他们请我们制定一个避开顾客补充排面的流程，因为“当着顾客的面补充排面，会越补越忙”。我问他们这种情况为什么会成为一个问题，他们说，补充排面的时候场面会很凌乱，而且“你刚把书摆上书架，顾客就把它拿下来了”。

书店认为，出现这种情况就说明他们不专业，绝对无法接受，但其实中间潜藏着机会，这些书一动不动摆在书架上的时候，只是一些有形状和颜色的东西，而让它们动起来，顾客就会受此吸引。所以我们根据这个情况，相应制定了一个流程，让员工在最繁忙的时段补充排面，而且我们告诉他们，可以全天这样做，唯一可以不及时补充排面的情况，是在与受到吸引的顾客进行交流时。员工也照做了。

我们甚至把两个展台上的书互换位置，先把第 1 个展台上的书全部拿下来放到地板上，然后把第 2 个展台上的书挪到第 1 个展台上，最后把地板上的书放到第 2 个展台上。我们让员工来做这项工作，并想让他们知道，这种看似无聊的工作实际上制造了动态，会吸引顾客。他们喜欢这样做，因为这似乎打破了他们和顾客之间某种微妙的屏障，这样做，似乎也更加容易交流了。

零售艺术案例

我挑选了下面这些案例，展示一些典型的零售艺术。这些零售商不是充分利用了各种可能的措施，而是采取了一些值得借鉴的有效做法。

英国登喜路和中国登喜路

此处仅以登喜路（Alfred Dunhill）位于伦敦的 Bourdon House 和上海的双子别墅的店面为例。这些宏伟的建筑可以作为电影的拍摄场景，它们的整体风格给人一种年代感，就像有一群典型的 20 世纪 30 年代的英国人一直在打理这些地方。每一处场景都能触发你的感官：闻一闻香根草、杜松和烟草的气息；感受手工皮具和抛光大理石的质感；听一听小伙子喋喋不休地指导他的裁缝；品尝酒吧精致的食物，同时啜饮一口汤姆柯林斯；仔细欣赏挂在眼前的经典绅士肖像。对于目标顾客来说，这就是一种显而易见的艺术，一个能让他们享受理想生活的地方。

加拿大魅可

走进魅可（MAC）的门店，你会发现许多女孩坐在化妆台前，有其他女孩帮她们化妆，眼线、眼影的造型都很夸张。店内的装饰以黑色为基调，深沉而典雅，顾客时尚而充满自信。这种结合就是一种艺术，积极明快，年轻夺目。

苹果零售店

让门店人潮涌动是一种出色的艺术，也是吸引人群的最佳方法。如果店内寂静无声，那就召集店员大张旗鼓地展示产品，而且要在路过的顾客面前展示，只要有一两个人驻足观看，很快更多的人就会随之而来。

苹果公司在这方面做得相当出色。苹果公司开新品发布会时，店外的人群排成了长龙。店员带着坚信品牌的激情欢呼呐喊，或者用其他方式引导顾客进入一种狂热的状态。这种做法相当高明，它创造了一种欲望和期待，而且强化了人们的认知：店里的这些产品都是生活必不可少的部分，我必须紧跟潮流。

英国塞尔弗里奇食品店

20 世纪 80 年代至 90 年代，塞尔弗里奇食品店的生意就像一潭死水。直到 1996 年，零售大师维托里奥・雷迪斯（Vittorio Radice）上任，他命令拆除了光线不良的中央自动扶梯塔，改造工程花了 1 000 万英镑。1909 年，H. 戈登・塞尔弗里奇（H. Gordon Selfridge）创办了这家公司，其宗旨就是为顾客创造惊喜和乐趣。2004 年，阿兰那・韦斯顿（Alannah Weston）接任维托里奥・雷迪斯的职位，继续提升门店的活力，如今塞尔弗里奇食品店回归初心。韦斯顿不断改善业务结构与营销方式，尤其是举办了一系列主题鲜明的活动，效果非常明显。她称之为“零售行动派”，用这种生动有趣的方式，解决了当时的问题。她自称不是做零售的，但始终对数字相当敏感，或许是因为在加入塞尔弗里奇食品店之前，她都在与艺术、设计、创意打交道，这些经历帮助她将塞尔弗里奇食品店打造成全世界最有活力的零售场所之一。

美国 Stew Leonards

Stew Leonards 的 4 家门店处处都充满艺术气息。站在店外，首先映入你眼帘的就是人造谷物塔，之后你将看到一个关于奶制品和农产品的故事。进店之后，一条黄砖铺筑的单向通道带领你穿行在产品之间。处处都有面带微笑的店员，手捧试吃品，动物造型的产品也随处可见。具体来说，就是电子动画牛奶盒和一个直通牧场的网络摄像头，后者让你体验真正新鲜的奶制品。每到销售旺季，还会有店员穿着各种蔬菜造型的服装，在店里跳舞。这些都是活跃的艺术，精彩纷呈。

英国 Liberty

Liberty 所在的建筑本身就是一种颇具代表性的零售艺术。Liberty 的伦敦总部修建于 1924 年，建筑材料取自两艘英国军舰的黑白木料，这本身就很有特色。顾客在进店之前，就能领略到它的风采。在埃德·伯斯特尔（Ed Burstell）出色的领导下，Liberty 回归初心，重新变成一个充满乐趣的地方，很大程度上类似于塞尔弗里奇食品店。因为建筑的规模与内饰极具特色，所以伯斯特尔选择进一步拉近与顾客的距离。他讲了一个有关零售的故事，让 Liberty 重新进入伦敦人的视野。这精彩地展示了零售商如何利用有限的空间创造积极的结果。

瑞典宜家

在家居零售行业，卧室家具向来是主流产品。宜家将卧室家具搭配、组合，每种布置都代表了一种生活方式。店内的布局会引导顾客经过所有的房间，每个房间里的家具都布置妥当，不像以往那样零散摆放。房间有墙、灯、假的天花板、仿真窗户、地毯以及各种陈设，其布置精巧到位，很容易让你联想到这些家具布置在自己家里的情景。这也是一种零售故事，很容易让顾客置身其中。

美国科颜氏

科颜氏（Kiehl's）店里的内饰取自电视演播室，看起来就像是为《宋飞正传》（*Seinfeld*）里的药师专门布置的场景，但有一种真实感。这部剧的搭景师都是经过严格筛选和培训的，所以才能如此引人入胜。整个体验过程的细节都充满了仪式感，店员邀请顾客落座，迅速进行产品测试，然后赠送试用小样。我喜欢科颜氏的顾客体验，强烈推荐所有的零售商都向它学习。科颜氏店里充满了艺术性与参与感。

索尼的艺术时刻

我曾经指导索尼专卖店里的店员，用一种能吸引顾客的方式“炫耀”一款遥控器。起初，他们并不相信这是一个短暂的艺术过程。这个过程是这样的：一只手拿着遥控器，自然下垂，然后在侧面画一个圆，再在前面画一个圆，挥舞另一只手臂按遥控器上的一个按键，同时做一个表示惊讶的动作。这不仅听起来很愚蠢，店员做这些动作的时候看起来更愚蠢。但是，过了一段时间后，他们开始享受这个“愚蠢”的过程。大多数人都发现，这个有点愚蠢的举动和艺术能快速吸引人群聚集，比面包店全天发放免费的面包还有效。潜在顾客好奇地在旁边观看，思索他们到底在搞什么把戏。这就是仪式产生的艺术。

创造仪式

在门店引进艺术的一个好办法，就是将每件事都分解为一个个小“仪式”，而且要突出这些仪式。这些细微的日常行为能创造不一样的结果。这些事情不复杂，可以在顾客结账后，用一种独特的方式把她购买的包呈现给她，或者改变员工向顾客打招呼的方式，改变演示产品的步骤，等等。任何服务顾客的日常行为都可以改成一种仪式，从吸引顾客的注意力到销售产品，整个过程都可以改变。

Malmaison 是一家连锁酒店，它将这些艺术性仪式融入服务过程。假如顾客在晚餐时点一杯波特酒，店员不会只端这杯酒上来，而是端着一只干净的空酒杯和盛着波特酒的醒酒器走到顾客桌前。酒杯经过了清洗、抛光，他们将酒杯放到顾客眼前，当着顾客的面，缓缓倒满。这个过程和直接端上一杯酒来相比，用不了更多时间，但是在顾客看来就很美妙。醒酒器里的酒色泽饱满，晶莹剔透，缓缓充满酒杯，发出悦耳的声音，散发出诱人的酒香，让人心旷神怡。这也是一个不会增加额外费用的过程。

法国时尚珠宝品牌蕾娜海（Les Néréides）在销售过程中增加了很多仪式细节，为顾客创造了一种舒心的体验。它首先从店面布局上增强了视觉体验：所有东西都光彩夺目，各系列的首饰陈列美观，员工穿着甜美的夏季服装，十分契合珠宝的设计风格。只要顾客与总是笑容满面、随和热情的店员开始交流，仪式就开始了。店员把几个陈列珠宝的托盘拿出来放到柜台上，但都是当作背景，只有“主角”是能看见的。

女性顾客坐在镜子前，试戴心仪的首饰，询问店员的意见；男性顾客把店员当作模特，为爱人挑选饰品。整个过程都充满人性化和参与感。店员会把顾客挑选好的首饰用纸包裹起来，然后在纸上喷洒店里的香水，之后在顾客面前展示一下，装进精美的礼品袋中，礼品袋看起来和珠宝一样现代而经典，最后在礼品袋上打上一个漂亮的蝴蝶结。整个过程充满了仪式感，给人一种十分独特的体验，尤其是这些人造珠宝的价格合理，不免让人惊叹。

零售艺术的基本功

我们接下来要离开门店，走上街市，去寻找零售的艺术，我们会学到完全不同的技巧。这是因为学习零售艺术基本功的最佳场所就是传统的街市。我所说的街市，不是时尚新潮的艺术街区，而是叫卖销售的市场。你会在这些市场的水果和蔬菜摊位看到所有最经济、简单、高效的零售准则发挥作用。摊主之所以使用这些准则，不是因为他去伦敦政治经济学院学习了一年，而是因为这些准则都是代代相传的，简单有用。

我强烈建议你去一处繁忙的街市，静静地站在旁边观察热火朝天的场面。摊主在市场里叫卖的场景非常生动而有趣，尤其是措辞颇有节奏感和韵律。你能从这些叫卖声中学到什么才能真正吸引顾客。他们的吆喝艺术经过几代人流传下来，代代适用。现在的摊主依然叫卖，因为这能引起顾客注意。在这些传统的吆喝艺术上，大多数人靠的是直觉促销。你仔细观察就会发现，果蔬摊主叫卖时有以下两个特点。

- 他们大声叫卖促销的商品："两个一元，两个一元。"
- 他们描述果蔬时使用形容词，不说"樱桃、草莓、苹果、橙子、菠萝"，而是说"又红又甜的樱桃""红彤彤的草莓""带上新鲜的苹果啊""香甜多汁的金菠萝"。

新鲜、美味、成熟、香甜、鲜红、多汁，这些形容词就是艺术的一部分。它们对顾客感知这些果蔬的方式产生了实质的影响。如果你特别想吃一些甜的东西，当你听到"又红又甜的樱桃"时，就开始在潜意识中描绘它们的样子，想象它们的口感。说不定你现在已经在流口水了！太神奇了！还记得之前提到的沃比帕克眼镜店的案例吗？这些词语是有意义的，很重要，它们能触发顾客的反应，会对顾客产生内在的影响。

为了增加门店艺术性以及在网上编辑产品描述时增强产品吸引力，你需要鼓励团队在介绍产品时，使用形容词，比如鲜艳的颜色，完美的裁剪，出众的设计，绝佳的口感。这样做有两个好处：一是吸引顾客；二是顾客购买之后，会用这些词语表达自己的兴奋感，“这是我今天新买的牛仔裤，裁剪很完美”。

市场里的陈列知识

摊主一般把果蔬向上倾斜摆放在摊位上，一边销售，一边补足空缺。这样摆放，看起来会有比实际更多的东西，这一点很重要，因为我们出于本能，凡是只要觉得是充足的，就会安心。我们曾经有一个客户在哈萨克斯坦经营便利店，当地人有一种对短缺的恐惧。为了消除这种恐惧，所有的零售商都在货架上堆满商品。

再仔细观察一下摊主按照颜色摆放果蔬的方式。他们没有将不同颜色的果蔬混杂在一起，而是将颜色对比度强烈的毗邻摆放。这样摆放不仅是为了更明显地进行区分，而且当你经过摊位时，它会自动进入你的周边视觉，引起你的注意，你就会看到色彩对比强烈的果蔬，不自觉地瞟一眼。

有效的阶段管理

管理顾客的观念，是出色的零售艺术不可或缺的部分。果蔬摊主身上还有很多有趣的事情。我以前经常去怀特查佩尔路，探访那里的固定街市。这个市场有 6 个果蔬摊位，每个摊位的货品差别不大。一天早晨，我发现荔枝上市了，这些摊主就靠它来吸引顾客。其中 5 个摊位上，荔枝都是摆放在最显眼的位置，顾客一眼就能看到。

但是，第 6 个摊位竟然没有荔枝。原来这个摊主根本来不及把荔枝摆上货架，荔枝还在运输板车上时，顾客就直接抢购一空。第二天也不例外，第三天依然如此，这种情况似乎有点反常。

我便询问摊主，为什么要这么做。他说，顾客看到这些荔枝后，就认为它们特别新鲜，因为还在运输板车上，意味着刚运过来不久。“那它们有多新鲜呢？”“这一筐，摘下来三天了。”“就因为你没把它们摆上货架，顾客就认为你的荔枝比其他人的新鲜？”“是的，他们确实这么认为。”

打消顾虑会帮助顾客产生积极的想法。这些都是艺术性工具，你也可以想办法应用到你的生意中。

购物频道的主持人都是无名天才

提升门店人气一个简单的方法就是大量演示。市场上的摊主总是在摆弄商品，轮流摆放，换包装，调整大小和颜色，抛糖果，玩玩具，放音乐，在电炉上炒香料。如果一个摊位暂时安静下来，摊主就会像索尼店的员工疯狂地挥舞着遥控器那样，吸引顾客前来。你会发现，几乎所有的摊主叫卖时，手里都会拿着一包叫卖的东西。这是一个很不起眼的动作，但是能吸引顾客。

另一个学习演示技巧的途径，就是电视购物频道。厂家代表在购物频道宣传他们的产品。他们通常擅长表演，滔滔不绝地介绍产品的优点。他们使用的技巧是有效的。你可以用这些技巧宣传产品，要宣传真正的好产品。如果是在线销售，就需要这样的人来录制视频。

我建议你充分发掘日常行为的力量，也就是演示与试用产品。当顾客看见实际使用产品时的场景时，就会深受吸引。让顾客更容易地想象出实际使用这些产品时的场景，作用非常强大。

唐恩都乐甜甜圈店与卡卡圈坊食品店：多种感官的享受

卡卡圈坊（Krispy Kreme）食品店现在如日中天，它与唐恩都乐（Dukin's Donuts）规模相当，但销售额是它的 3 倍。二者位于同样的位置，经营大体相同的品类，不过卡卡圈坊食品店认为它的产品口感更好，或许它有一定的品牌传承，但这一点无足轻重。那么，它是如何销售这么多漂亮好吃的甜甜圈的呢？

卡卡圈坊食品店管理者斯科特・莱文古德（Scott Livengood）在上任短短 3 年之内，就将公司的营业额从 2 亿美元提高到了 12 亿美元。他最大的创新点在哪里？就是充分利用零售艺术。就像时尚越新潮越好一样，新鲜出炉的甜甜圈是最好吃的。莱文古德的天才之处，是将购买甜甜圈的过程与儿时在厨房等待妈妈做好甜甜圈时的兴奋联系在一起。

在莱文古德上任之前，卡卡圈坊食品店的厨房是封闭式的，顾客看不到甜甜圈的制作过程，甜甜圈做好之后，店员从一个窗口将甜甜圈递出来给顾客。莱文古德认为，让顾客看着甜甜圈在眼前新鲜制作，感受一阵阵诱人的香味，会提高预期，激发对甜甜圈的欲望。所以，他重新设计店面的结构，充分发挥“甜甜圈剧院”的作用，制作时间从早晨改为人们最有食欲的午餐时间和午后，甜甜圈扑鼻的香味弥漫到了大街上。

莱文古德同时决定，在顾客等待甜甜圈出炉时，应该让他们品尝免费的甜甜圈。财务团队告诉他，这样做会最大限度地缩减销量，顾客本来要买两个甜甜圈，现在只需要付一个甜甜圈的钱，因为能免费得到另一个。但莱文古德从直觉上判断，很多新顾客是冲着能免费得到新鲜出炉的甜甜圈而来的，进店后就会买更多。

有一次，莱文古德在巡店时发现了一件事，一位店员在“甜甜圈剧院”里向一个孩子招手，孩子很开心，那位店员似乎也很享受这种互动。莱文古德说，就在那一刻，他意识到这样做是有意义的。

但是这个独特的零售故事面临着阵痛，原因在于蓝图。美国人开始倡导健康饮食，甜甜圈越来越不受欢迎。卡卡圈坊食品店未能适应市场需求的变化，结果陷入困境。

唐恩都乐则快速布局咖啡市场。它改用正宗的意式咖啡机，极大地提高了咖啡的品质，其现在的广告语是“美国人的咖啡馆”。这个做法很讨巧：唐恩都乐是在告诉顾客，“我们是真正的美国咖啡馆，而且有最好的美国小吃与咖啡搭配”。结果它每年在美国卖出的咖啡比星巴克还多，甜甜圈只占整体收入的一小部分，公司的利润飞涨。

如何成为顶级零售商 Smart Retail

当下的行动

- 找到销售过程中的 5 个活力之源并思考：能推广它们吗？
- 找到并借鉴 3 个出色的零售艺术案例。
- 找到 3 个演示产品的时机。

长远的战略

- 找到整个购物过程中所有具有仪式性的环节，开发关于新仪式的项目。
- 确保新开门店的设计突出艺术、活力和演示元素。

Smart Retail winning ideas and strategies from the most successful retailers in the world

第 16 章

法则 9，

细节，细节，还是细节

每到下午，我就面临两个选择的博弈，其中一个选择总是逛店。

本章探讨要点

- 门店的职能
- 配置关键的设备设施
- 设计出色的橱窗
- 视线开阔的重要性

利用空间

最后一章只讨论实体店，主要针对独立零售商，概述实体店最重要的组成部分。这些都是最简单的常识，也是独立零售商经常向我咨询的事情。

实体店经营有一些实用的基本原则，你需要以这些基本原则为基础，根据自身情况进行细化。不过，实际情况也没有看起来这么复杂。如果你知道业务的本质是你的蓝图，如果你已经知道如何传达探索性，如果你已经找到机会来创造一些艺术感，那么你很快就能明白如何让实体店的各个部分正常运转。简单来说，店内的布局、陈设、标牌、颜色和橱窗都是为了一个简单的目的而存在。

- 向顾客讲述蓝图的故事，让他们知道你能让他们获得哪些好处。
- 诱导他们前来。
- 展示产品，从而让顾客想要触摸和挑选产品。
- 充分体现内容管理和促销活动。

- 引导顾客浏览不同的品类。
- 让选择和支付变得简单。

如果你在每一项后面都打了一个钩，并且说“没错，我们都做到了”，那么说明你已走上了正确的道路。要带着饱满的热情来完成这些工作，把自己当成顾客体验整个过程。零售大师马丁·巴特勒（Martin Butler）有一句名言：“每天花一个小时做自己的顾客。”他说得没错，这样你就会从不同的角度看问题。

外观与感觉

如今，以合理的成本打造一流的门店相对容易。此外，制造商通常乐于自己制作美观的展示系统，或者为零售商提供一定的赞助。无论是否自己出钱，一定要保证整体形象符合你的蓝图。一家一元店不需要设计得像一家精品珠宝店。同样地，从 Hotel Chocolat 这类门店来看，你确实能以相对低廉的花费，让门店颇具档次。Hotel Chocolat 的布局和陈设表明它已经能做到使用标准组件来实现美观的效果，这真是一个聪明的零售方式。

橱窗展示

门店的橱窗就是店外的推销员，你必须充分发挥它的作用。很多零售商似乎认为，橱窗展示要么是在橱窗前堆一堆没有意义的商品，要么张贴很多花里胡哨的东西，这两种做法都没有任何用处。

出色的橱窗展示非常重要。它必须能刺激销售，打动路人，引导他们进店，而且展示的信息要能在 3 秒内读完。新品就是完美的橱窗主打产品。我曾经问过一位经营出色的五金店老板是如何推广新品的，他说：“我把它们陈列在橱窗中，上面挂一个大牌子，写上‘特价’和‘精品’，顾客就会注意这个牌子。他们可能询问这个新品，然后就会购买。”当然，橱窗展示一定少不了庆祝季节性活动，或者特殊节日的活动。

橱窗展示最常犯的错误就是光线不足，所以要使用明亮的灯光。柔和稍暗的灯光看起来可能很上档次，但是如果路人不是直接看到，就根本不会注意到橱窗的存在。明亮的舞台脚灯很不错，但要使用 LED 灯泡来减少热量聚集，尤其是在小型店面的橱窗中。

大体来说，橱窗无论单独使用，还是和其他方式结合起来使用，都能发挥 3 种作用。

作用 1，激发兴趣

这很抽象，但视觉冲击感强烈的场景确实能激发顾客的兴趣。ALLSAINTS 就使用这个技巧成为发展迅速的新品牌，它在主橱窗中展示了成排的老式缝纫机。这激发了大家对艺术的好奇心。顾客想要一探究竟，而且会在潜意识中感受到精神奖励，这些缝纫机代表量身定制、手工裁剪、一流品质，这 3 点正是 ALLSAINTS 溢价定位的支柱。

作用 2，发布信息

最普遍的做法就是使用简单而能使顾客产生消费冲动的语言介绍某个产品，比如“降价促销”“爆款夹克 99 英镑”“新品尝鲜”。背胶刻字现在非常便宜，易用易除，如果需要，可以每周更换这些信息。

作用 3，启发灵感

设计橱窗展示时，要能让顾客联想到门店和售卖的产品。Gap 集团门店最近的橱窗展示就非常出色，它陈列了 3 款有趣的春装，背景板上印着一句话：“俏皮的礼服开启春天。”这句话十分具有启发性。顾客看到后，会立刻忘掉阴霾的冬天，联想到多彩的春天。

PetSmart的橱窗

在 PetSmart 宠物连锁店的百老汇店，你通常会看见一些人透过橱窗向里张望。说不定你也会驻足往里看，因为透过橱窗能看到他们的宠物美容室。你会看到美容师正在为一些养尊处优的狗狗修剪毛发、修理脚爪，以及做各式各样的护理。这个例子完美说明了橱窗既能激发兴趣，也能启发灵感。它不但吸引了你的注意力，而且让你知道 PetSmart 的人喜欢你的宠物。

购物篮

如果顾客到店购买不止一种商品，那么你就必须提供购物篮。顾客拿购物篮购物，总会比不拿购物篮购买更多的东西。将购物篮放置在过渡区两边的作用非常明显。

过渡区

这里的过渡区是指靠近门口的区域，顾客由此从店外进入店内。只要利用好过渡区，就能丰富顾客体验，否则会破坏顾客体验。如果过渡区太空旷，顾客会在众目睽睽之下不愿进店。如果过渡区太杂乱，也会让顾客心生不悦。所以，应该保持过渡区整洁有序，并且摆放一些能吸引顾客注意力的东西。

零售学鼻祖帕克·昂德希尔（Paco Underhill）曾经提出一个“拥挤度”

（butt-brush factor）的概念，他发现顾客讨厌站在可能总是与其他顾客擦身而过的地方，你要留意整个店是否会发生这种状况。但是，在过渡区发生拥挤的现象则是有利的，因为这会让每个人都随着人群进店。展台前太过拥挤也是有利的。只要顾客在此逗留，就有可能买更多东西。从入口到出口，仔细观察整店的客流情况，看看有哪些地方可以改善。

促销的黄金位置与死角

在我与英国石油公司合作时，他们经常问及展示热销品的最佳位置。传统的做法是将热销品打一个堆头，放在正对入口处，顾客进店时直接就能看见。但我们怀疑这个区域可能是一个死角，而非促销的黄金位置。我们选取了几个位置进行观察，在顾客进店时，追踪他们的目光，发现了两个现象。

- 75% 的顾客进店后直接向左转（英国石油公司的零售店一般把门设置在右手边较远的地方），对眼前的堆头看都不看。
- 50% 以上的顾客（包括那些直接左转的顾客）进店后直奔收银台付加油账单，当然，这是他们来加油站的主要目的。53% 的顾客刚跨进店门，就立刻向左回头看一下油枪号。他们甚至都没有注意到眼前还有一个堆头，更不必说去看了。

那么，哪里才是黄金位置呢？每个门店的布局不尽相同，而且不都是快消品店，你应该想办法让店里的所有区域都值得顾客驻足探索。要避开客流量大的区域，并且要让顾客从一个黄金位置很自然地走到另一个黄金位置，这样他们就会一直觉得有意思。除了快消品零售店外，还有很多各式各样的零售店，“视平线就是销售线”对它们来说并不完全适用；因为如果将所有东西都陈列在视平线的高度，起码需要同样高度的设施，而这样的设施会阻挡视线。顾客在视线没有被过道挡住时的感觉最自在。如果他们能透过货架看见自己需要的或者感兴趣的东西，那么就有可能在店内逗留更长时间。

适宜的促销黄金位置

新颖的促销活动必不可少。你要多举办各种促销活动，向顾客展示超值的产品，让购买过程变得简单。绝对不要让促销区空场。如果促销品断货，就要立刻撤掉促销点，哪怕中断一两个小时也可以。如果你不这么做，就会让顾客觉得很失望。

理想的促销黄金位置：

- 进门即见。
- 光线充足。
- 货堆如山。
- 空间宽敞。
- 陈列美观。
- 规则明确。
- 标示清晰。
- 充满惊喜。

促销产品的内涵就比较丰富了，请记住以下几点：

- 价格优惠。
- 精品推荐。
- 新品上市。
- 当季热销。

- 搭配销售。
- 新颖设计。
- 话题产品。
- 时兴产品。

对于面积较小的店面，可以保留一块区域来展示不同的产品，要让顾客一进门就能直接看见这个区域。你还要使之常态化，新顾客每次进店时，会先在此停留。

背墙

你还记得唱片店如何在背墙上展示 20 张畅销唱片吗？这种方式可以吸引每位顾客进店后从头走到尾。懂行的人会巧妙引导顾客从店面中央走到背墙，这样顾客就会顺着主通道流动。顾客在背墙上选好唱片后，就返回去结账。收银台一般都设置在门口，顾客很难再沿着主通道返回，因为主通道有很多人面朝他走来，所以他会从两边的通道绕行。绕行的作用就非常明显，因为这意味着顾客会经过一系列的热门促销商品。

收银台

关于摆放收银台的最佳位置，有很多争议。说实话，无论摆在哪里，都各有利弊。我中意的是靠一边墙壁中间的位置，在大多数门店中，这个位置排队有序，不会挤占最佳销售区域的空间。下面是一些最常见的摆放位置。

- 一侧墙壁中间的位置。我最喜欢这种方式。
- 门口的一侧。这方便店员在顾客进店时打招呼，但是要把收银台摆在重要促销区的中间。
- 中间区域。虽然在中间区域摆收银台会阻碍视线，但也有积极的作用，如果是两个收银员，作用就更加明显，因为他们可以分别观察两边的情况，从而掌握整个店的动态。

- 靠着背墙。这是最常见的位置，但收银台摆在这里，店员就处于远离门口的位置，在顾客进店时，不方便打招呼。而且，这是小偷比较喜欢的位置，因为店员离门口太远了。

冲动型消费

无论你销售什么，都可以在收银台旁边摆放一些产品，以引起顾客的冲动消费。报刊店摆放巧克力就是一个很明显的例子。时装店会在收银台前摆放便宜的玩具和标志性的小饰品。只要是精美便宜、体积小的东西都很适合作为冲动型消费品。在收银台摆放少量精选的产品，会有助于提高平均客单价。但是，无论如何都不要强迫员工生硬地推销这些产品。WHSmith 曾要求员工询问顾客“来点今天半价的巧克力吗，先生”，员工讨厌这样做，顾客也会感到不自在。这种做法会让人产生强迫感，非常不舒服。

视线

首先要考虑以下这两点：

- 顾客能看见店里的通道吗？
- 你能看见顾客吗？

顾客喜欢探索有吸引力的产品，喜欢眼前不远处的促销活动，哪怕他们的大脑当时在努力观察周围的动态。他们通常不会留意手边的产品，除非你引导他们走到跟前。

能够看见顾客很重要，因为这样你和团队就很容易发现他们的一举一动，同时也能在很大程度上减少偷窃。如果你能随时发现小偷，他们就难有机会偷窃。

引导标识

引导标识一定要简单明了，不要设计得过于复杂或者文字太多。顾客没有时间，也没有意愿去揣摩隐晦深奥的含义。促销标识尤其要简洁醒目，传达直白明显的信息。破旧的标识不会产生任何积极的作用，如果标识坏了，请扔掉，或者立刻更换。

如何成为顶级零售商
Smart Retail

当下的行动

- 站在马路对面，观察顾客和你的门店。他们看了什么？他们忽略了什么？哪些顾客最终进店了？他们之间有什么联系？
- 按照“利用空间”的内容，检查你的门店。如果有不足之处，就制订一个计划弥补。
- 检查橱窗展示：它们能起到激发兴趣、告知信息或启发灵感的作用吗？
- 提供购物篮。
- 复查潜在的促销黄金位置。

长远的战略

- 对比橱窗展示计划与第 14 章中提到的全年促销计划。
- 开发一种能够体现本书中提到的所有要素的新模式。

成为顶级零售商

不知不觉写了二十多万字，我希望你读到这里没有感到厌烦。我花了近两年时间，对零售的基础知识重新进行了梳理。新的研究成果和新思想不断涌现，这意味着我必须重构整个体系，沿着新方向从头开始。很多可靠的模式去年才开始出现，幸而我一直持续观察，发现了它们。

写作是一项艰难的工作，但我真诚地希望你读完后能有所收获。本书的内容不是我创造出来的，而是我对顶级零售商实践方法的提炼与总结。

对于我在书中提到的所有工具、观点和方法，你都可以向我和我的团队咨询。你如果想了解这些事情，那我们就是首选了。我们为跨国零售巨头开发业务模式，为很多重要的零售商提供顾客洞察咨询服务，帮助很多知名消费品牌更好地定位产品，同时也一直致力于解决零售业中存在的问题。我们常规的咨询服务项目包括：

- 寻找蓝图。
- 改善顾客体验。
- 分析摩擦 / 奖励指数。
- 启动零售业务。
- 提升门店和产品业绩。
- 解决零售难题。
- 定制研讨会。
- 开发业务模式。
- 专家评估和制定专业策略。

我举办过多次零售主题演讲，向在场听众分享了很多独到实用的想法，他们听完后都兴奋不已。我和团队也提供了一系列高质量的培训研讨会，比如，我们会在“街道时间”现场带领你的团队有组织地购物，同时感受最好和最差的购物体验，这是我参与过的最有效果的事情之一。这些研讨会根据你的业务、市场和目标定制，准确无误。

我的邮箱：richard@smart-circle.com

我的个人网站：www.Smart-Circle.com

感谢你购买并阅读本书。

祝好！

体验门店

我多次谈到像顾客一样体验门店，下面是一些有效的方法。不仅要定期评估自己的门店，也要评估竞争对手和非竞争对手的门店。每次评估后，你都会发现很多方法和可能性。评估时观察以下 3 个方面：

- 门店。
- 员工。
- 顾客。

门店

我敢打赌，当你走进一家门店时，就已经开始观察了：你会环顾四周，看看店里的设施、售卖的产品和地毯上的污垢，你还发现排面出现了空缺。

这时你可能会暗自感慨，幸好自己的店里没有出现这种情况，这家店的经理要挨批评了。

如果有可能，站在马路对面，从外面观察门店：

- 观察过往的人群。
- 多少人扫了一眼橱窗？
- 看到橱窗后，他们有什么反应？
- 如果他们随后进店，是如何流动的？

现在，站在店里某一个位置观察：

- 观察顾客去了哪些区域。
- 他们先去了哪个区域？
- 观察顾客的目光，他们看见了什么？忽略了什么？
- 他们触摸了什么？他们从哪里挑选了什么产品？他们在每个柜台前逗留了多久？
- 每个柜台前有多少浏览的人最终选购了产品或去了试衣间？
- 怎样的人群来店里购物？是家庭主妇、白领，还是修理工？不同的时段，消费人群是不同的。
- 特别留意过渡区的情况，这个区域靠近入口，顾客由此从店外进入店内。他们是如何穿过这个区域的？

大多数人在自己店里观察购物活动时，都会犯一个低级错误。我们倾向于从后往前看，经常从后场或仓库开始，然后观察店内，最后观察入口。这明显是错误的，而且完全没有用。因为我们没有按照顾客的方式观察门店。

观察店里的基本环节，包括：

- 橱窗展示。
- 促销活动。
- 产品品类。
- 定价逻辑。
- 设备设施。
- 灯光布局。
- 增值行为。

特别注意观察客流较大、产品浏览量较大的地方，面对面的交流就是将浏览转化为销售的最佳开始。你在这些区域采取的哪些措施引起了顾客的注意？

按照同样的方式观察竞争对手的门店以及那些吸引你的门店。我认为公司不仅要鼓励你外出观察竞争对手的门店，而且应该拨付一定的经费，让你每周外出观察。实际上，当你通过四处向竞争对手和其他零售商学习来提升业绩时，公司应该给你一些补贴，至少能买杯咖啡。

员工

你每到一家门店，都要和员工交谈。打开话题的简单方法就是问他，“在这里工作感觉怎么样”。你通常会得到一个不痛不痒的答案，“还行吧”。这等于什么也没告诉你，不过你可以继续询问：“你喜欢这里的哪些方面？”

对于这个问题，大部分人都会告诉你一些有用的信息。

- 团队精神很棒。
- 待遇不错。
- 很开心。
- 我们受到尊重。
- 每天都不一样。
- 我喜欢顾客。

听到这些答案后，你会情不自禁地去问更多问题，这有助于你了解这家店的人事政策。你也可以尝试和门店经理交流，表明你的身份，与他们分享一些思想和看法，他们通常都不会拒绝。大多数人都喜欢分享自己的看法，这一点可以变成你的优势。

顾客

仔细聆听顾客彼此之间说了什么？他们对店员说了什么？店员是如何与顾客交流的？

在自己的店里与顾客交流十分容易，因为你的身份表明你别无他意。如果在别人的店里与顾客交流，就比较困难。人们一向对陌生人的询问都相当谨慎，不过，只要你看起来不像一个疯子，就没有多大问题。在自己的店里，你可以问许多开放性的问题，比如：

- 你感觉我们今天的服务怎么样?
- 你对我们改变陈列有什么看法?
- 容易找到你想要的东西吗?
- 你觉得这些新产品怎么样?
- 在店里购物方便吗?
- 你今天进店时，首先注意到的是什么?
- 你对我们的收银区有什么看法?
- 在你看来，我们店里少了什么?
- 与其他和我们类似的店相比，我们店的哪些方面你比较喜欢?

我平时下班去别人的门店观察时，发现最能引发交流的一个问题是：“我也开了一家这类店，你喜欢这家店的哪些方面？”我在收银区排队结账时，经常会问身边的顾客这个问题。在店里闲逛时，也有很多机会与周围的顾客交流。

如果顾客开始高兴地与你交谈，那你也要健谈一点，不要让对方感觉你是在做调查。人们一般都会给出这样的回答，“哦，我喜欢这家店的 X，但我真心希望他们能解决问题 Y”。也许人们只是喜欢抱怨，但是我多次发现，这些简短的对话能帮你发现店里明显存在的问题。当然，一些顾客也会简要地告诉你，是什么吸引他们来到这家店里，这些答案非常有用。

体验“街道时间”

“街道时间”是一项富有启发性的实地观察活动，每个零售团队都应该体验。每一次“街道时间”都是根据客户特定的需求制定的。这项活动先寻找与特定需求相关的最佳做法、历史、策略和点子，再制定一个专项练习，团队成员在这个练习中相互竞争，形成最佳的解决方案。

我们通常为小型团队安排为期一天的活动，让团队成员上街（或在线上）感受最好和最差的顾客体验。通过实地体验，仔细分析和说明为什么有的零售方法起作用，有的无效。

这项活动能帮助你在以下 4 个方面找到灵感：

- 蓝图。
- 摩擦 / 奖励。
- 探索性。
- 内容管理和故事性。

我为来自英国石油公司、Hotel Chocolat、Oden、百安居和索尼的高管团队举办过街道观察时间，也曾经在华沙接待过翠丰集团的 70 名全球最佳高管的大型团队。我们在欧洲各处举办“街道时间”，有一次还邀请彼得·琼斯（Peter Jones）来现场点评，客户的反馈总是让我们保持谦卑，也让我们感到高兴。

体验零售类书籍

有关零售的好书少之又少，这也是我写这本书的原因之一。下面推荐的这 3 本书都是难得的佳作。

《视觉营销》(*Visual Merchandising*)，托尼·摩根（Tony Morgan）著，2016 年出版。

这本书值得重点阅读。内容是关于视觉营销（橱窗、引导标识、设备设施）的，既讲述了设计的精髓，也讲述了设计的实际功用。

《里彻之道》(*The Richer Way*)，朱利安·里彻（Julian Richer）著，2009 年出版第 5 版。

里彻是我见过最会管人的人。这本书讲的就是他的管理方法，值得重点阅读。

《富甲美国》(*Sam Walton：Made In America*)，山姆·沃尔顿(Sam Walton)著，1992年首次出版。

这本书讲述了山姆·沃尔顿和他的团队是如何建立企业巨头沃尔玛的。该书内容生动有趣，大胆阐述了很多令人惊讶的管理哲学以及一些生动的零售故事，哪怕时隔近30年，也依然是必读书。

未来，属于终身学习者

我这辈子遇到的聪明人（来自各行各业的聪明人）没有不每天阅读的——没有，一个都没有。巴菲特读书之多，我读书之多，可能会让你感到吃惊。孩子们都笑话我。他们觉得我是一本长了两条腿的书。

——查理·芒格

互联网改变了信息连接的方式；指数型技术在迅速颠覆着现有的商业世界；人工智能已经开始抢占人类的工作岗位……

未来，到底需要什么样的人才？

改变命运唯一的策略是你要变成终身学习者。未来世界将不再需要单一的技能型人才，而是需要具备完善的知识结构、极强逻辑思考力和高感知力的复合型人才。优秀的人往往通过阅读建立足够强大的抽象思维能力，获得异于众人的思考和整合能力。未来，将属于终身学习者！而阅读必定和终身学习形影不离。

很多人读书，追求的是干货，寻求的是立刻行之有效的解决方案。其实这是一种留在舒适区的阅读方法。在这个充满不确定性的年代，答案不会简单地出现在书里，因为生活根本就没有标准确切的答案，你也不能期望过去的经验能解决未来的问题。

湛庐阅读App：与最聪明的人共同进化

有人常常把成本支出的焦点放在书价上，把读完一本书当作阅读的终结。其实不然。

时间是读者付出的最大阅读成本
怎么读是读者面临的最大阅读障碍
“读书破万卷”不仅仅在“万”，更重要的是在“破”！

现在，我们构建了全新的“湛庐阅读”App。它将成为你“破万卷”的新居所。在这里：

- 不用考虑读什么，你可以便捷找到纸书、有声书和各种声音产品；
- 你可以学会怎么读，你将发现集泛读、通读、精读于一体的阅读解决方案；
- 你会与作者、译者、专家、推荐人和阅读教练相遇，他们是优质思想的发源地；
- 你会与优秀的读者和终身学习者为伍，他们对阅读和学习有着持久的热情和源源不绝的内驱力。

从单一到复合，从知道到精通，从理解到创造，湛庐希望建立一个“与最聪明的人共同进化”的社区，成为人类先进思想交汇的聚集地，与你共同迎接未来。

与此同时，我们希望能够重新定义你的学习场景，让你随时随地收获有内容、有价值的思想，通过阅读实现终身学习。这是我们的使命和价值。

湛庐阅读App玩转指南

湛庐阅读App结构图：

三步玩转湛庐阅读App：

读一读 ▼

湛庐纸书一站买，
全年好书打包订

听一听 ▼

泛读、通读、精读，
选取适合你的阅读方式

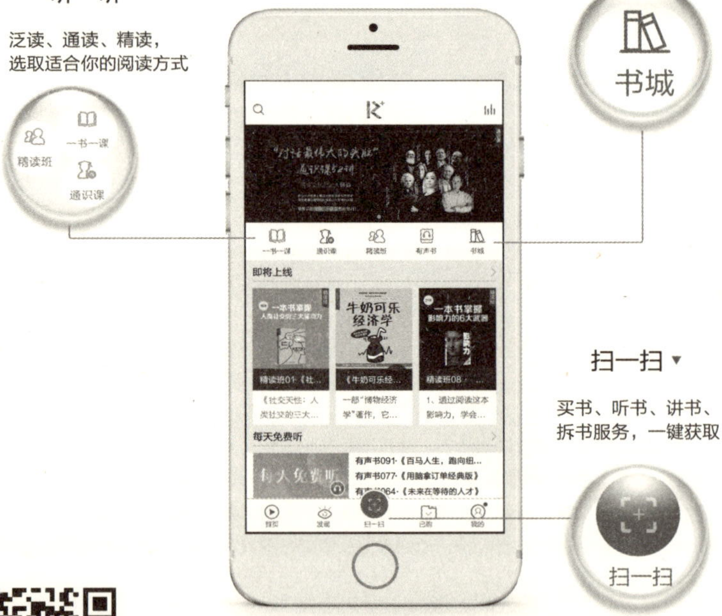

扫一扫 ▼

买书、听书、讲书、
拆书服务，一键获取

App获取方式：

安卓用户前往各大应用市场、苹果用户前往App Store
直接下载“湛庐阅读”App，与最聪明的人共同进化！

使用App扫一扫功能，遇见书里书外更大的世界！

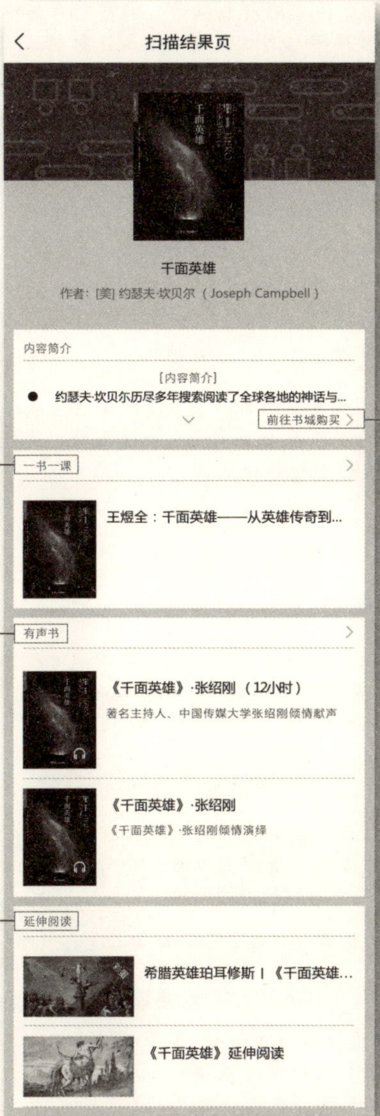

快速了解本书内容，
湛庐千册图书一键购买！

大咖优质课、
献声朗读全本一键了解，
为你读书、讲书、拆书！

你想知道的彩蛋
和本书更多知识、资讯，
尽在延伸阅读！

湛庐CHEERS

延伸阅读

《新零售的未来》

◎ 剖析 20 多家国际零售业巨头的商业模式，洞察新零售的五大核心问题、三大发展趋势与四大商业逻辑，勾勒新零售未来图景，揭秘国际零售巨头进化之道。

◎ 高瓴资本创始人兼 CEO 张磊，中国连锁经营协会会长郭戈平专文推荐，混沌大学创始人李善友、七匹狼实业股份公司副董事长周少明、盒马鲜生创始人侯毅、海澜之家总裁周立宸联袂力荐。

使用"湛庐阅读"App，
"扫一扫"获取本书更多精彩内容
ISBN 978-7-5596-1428-5

《不可消失的门店》

◎ 后电商时代的消费行为学。

◎ 首次深度剖析实体与电商发展历程，坚实奠定零售实践理论基础，引领实体与电商零售企业实现全渠道布局，构建场景新体验，打造未来新零售时代。

使用"湛庐阅读"App，
"扫一扫"获取本书更多精彩内容
ISBN 978-7-213-07709-8

《超市里的原始人》

◎ 进化心理学应用在消费领域的颠覆性著作。

◎ 畅销书《影响力》作者罗伯特·西奥迪尼、畅销书《理性乐观派》作者马特·里德利、畅销书《演化心理学导论》作者迪伦·伊文斯联袂推荐。

使用"湛庐阅读"App，
"扫一扫"获取本书更多精彩内容
ISBN 978-7-213-07729-6

《屏幕上的聪明决策》

◎ "行为经济学之父"理查德·泰勒最欣赏的合作搭档、行为经济学巨星什洛莫·贝纳茨的颠覆之作。

◎ 浙江大学经济学教授、跨学科社会科学研究中心主任叶航，信息社会 50 人论坛轮值主席姜奇平，中国零售业资深 IT 专家杨德宏，点我达产品专家、知乎 30 万赞同答主刘飞，诺贝尔经济学奖获得者罗伯特·希勒，《怪诞行为学》作者丹·艾瑞里，《稀缺》的合著者埃尔德·沙菲尔等联袂推荐。

使用"湛庐阅读"App，
"扫一扫"获取本书更多精彩内容
ISBN 978-7-5502-8879-9

Smart Retail by Richard Hammond.

This translation of Smart Retail 4e is published by arrangement with Pearson Education Limited.

图书在版编目（CIP）数据

新零售的增长策略：第 4 版 /（英）理查德 · 哈蒙德（Richard Hammond）著；何瑞青译 . -- 杭州：浙江教育出版社，2020.4

ISBN 978-7-5536-9993-6

Ⅰ . ①新… Ⅱ . ①理… ②何… Ⅲ . ①零售业－商业经营 Ⅳ . ① F713.32

中国版本图书馆 CIP 数据核字（2020）第 032510 号

上架指导：企业管理 / 市场营销

新零售的增长策略（第4版）
XINLINGSHOU DE ZENGZHANG CELÜE（DI 4 BAN）
［英］理查德 · 哈蒙德　著
何瑞青　译

责任编辑：李　剑
美术编辑：韩　波
封面设计：ablackcover.com
责任校对：刘晋苏
责任印务：沈久凌
出版发行：浙江教育出版社（杭州市天目山路 40 号　邮编：310013）
电话：（0571）85170300-80928
印　　刷：石家庄继文印刷有限公司
开　　本：710mm ×965mm　1/16　　**成品尺寸：**170mm×230mm
印　　张：19.75　　**字　　数：**280 千字
版　　次：2020 年 4 月第 1 版　　**印　　次：**2020 年 4 月第 1 次印刷
书　　号：ISBN 978-7-5536-9993-6　　**定　　价：**79.90 元

如发现印装质量问题，影响阅读，请致电 010-56676359 联系调换。